달님샘의 그림책 이야기

달님샘의 그림책 이야기

전진영 지음

초록달팽이

작가의 말

  생명을 책임지는 엄마가 되었습니다. 어떤 엄마가 될 수 있을까 고민했습니다. 넉넉하지 못한 살림과 특별한 재주가 없는 저는 책 읽어주기만큼은 열심히 하기로 다짐했습니다. 아이가 먼저 잠들지 않는 한 매일 밤 그림책을 읽어주었습니다. 저는 어느새 아이와 함께 그림책 보는 시간을 기다리고 있었습니다.
  도서관을 찾아가 그림책 독서 수업을 했습니다. 엄마와 아가가 함께 참여하는 북스타트 수업을 10년 넘게 했습니다. 하루는 어느 엄마가 "선생님 덕분에 우리 애가 어린이집을 잘 다녀요." 하는 것입니다. 이유인즉슨 제가 도서관 수업에서 다룬 그림책『달님 안녕』이 어린이집에 있어서라는 것이었습니다. 아이에게 어린이집은 집을 떠나 만나는 첫 사회공간으로 쉽게 적응하기가 어렵습니다. 낯익은 책은 낯선 공간을 친숙하게 만드는 힘이 있습니다. 이후로 저는 그림책 선택에 더욱 신경을 썼고, 읽어주는 시간에 더 공을 들였습니다. 그뿐만이 아니라 효과적인 그림책 읽어주기 방법에 관해 더 고민했습니다.
  지금도 가끔 의성어와 의태어뿐인『사과가 쿵!』이 왜 좋은 그림책인지 모르겠다고 하는 젊은 엄마들을 만납니다. 엄마들은 아이에게 책을 읽어주면 많은 도움이 된다는 걸 알지만, 실천하기가 쉽지 않다고 말합니다. 무슨 그림책을 읽어주어야 할지, 어떻게 읽어줘야 할지도 모르겠다고 말합니다.

이 책의 1부는 그림책이 무엇이고, 그림책을 읽어주는 여러 가지 방법을 구체적으로 설명합니다. 2부는 국내외의 좋은 그림책을 소개하고, 제가 실제로 여러 기관에서 그림책을 읽어준 경험을 담았습니다. 1부 내용을 구성하는 데 많은 도움을 준 '모여라어린이집' 친구들에게 고마움을 전합니다. 2부 내용은 《홍성신문》과 《천안아산신문》에 연재한 내용을 기반으로 다시 고쳐 썼습니다.

아이들은 처음부터 책을 좋아하지 않습니다. 하지만 책을 읽어주는 엄마와 아빠의 따스한 눈빛과 부드러운 목소리, 포근한 무릎 감촉을 느끼면서 책과 가까워 집니다. 손가락으로 그림을 하나하나 짚고, 보고 싶은 페이지에 머물면서 부모와 함께 한 경험으로 책을 더 좋아하게 됩니다. 그림책을 선택하고, 읽어준 경험이 저와 아이들의 성장에 많은 영향을 주었습니다. 이제는 그동안 제가 그림책에서 받은 일상의 기쁨과 위로를 여러분께 나누어 드리고 싶습니다.

2024년 신방도서관에서
전진영

차례

작가의 말

Ⅰ. 그림책, 어떻게 읽어줄까요?

1. 그림책이란?   13
2. 좋은 그림책의 조건   16
3. 그림책 읽어주기의 효과   18
4. 그림책을 읽어주는 세 가지 방법   22
5. 그림책을 읽어줄 때 유의할 점   47

Ⅱ. 그림책을 읽어요

1. 그림책으로 놀아요

그림책은 장난감 - 『사과가 쿵!』   52
책으로 집을 지어요 - 『뚱땅목수 아저씨』   54
몸으로 읽어요 - 『두드려 보아요』   56
눈도 읽고 손도 읽어요 - 『수리수리마수리 요걸까? 조걸까?』   58
종이책의 무한 변신 - 『아름다운 책』   60
꼭꼭 숨어라, 똥똥 찾아라 - 『도대체 그동안 무슨 일이 일어났을까?』   62
찾고, 나누고, 정리하고 - 『똑똑한 동물원』   64
한글 왕, 받침 왕! - 『마음버스』   66
제목을 맞춰요 - 『나비가 날아간다』   68
이야기를 지어요 - 『선』   70

2. 마음이 자라요

보이지 않아도 믿는 힘 - 『달님 안녕』 74

첫째 아이의 질투 - 『앨피가 일등이에요』 78

부정과 긍정 - 『아니야!』 80

당차게 말해요 - 『괴물들이 사는 나라』 82

무서운 세상으로 한 발짝 - 『제랄다와 거인』 84

다양한 나 - 『악어오리 구지구지』 86

나를 바라보는 힘 - 『방바닥으로 떨어진 머리카락이』 88

내 소원 100개 - 『진짜 내 소원』 90

마음의 맛 - 『알사탕』 92

호랑이를 물리치는 꾀 - 『해와 달이 된 오누이』 94

3. 그림책과 함께 성장해요

기저귀와 팬티 - 『팬티를 입었어요』 100

똥 똥 똥, 내 똥 - 『누가 내 머리에 똥 쌌어?』 102

단잠과 악몽 - 『꿈을 먹는 요정』 104

안아주세요 - 『안아 줘!』 106

아이도 일해요 - 『펠레의 새 옷』 108

반려동물에게 읽어줘요 - 『시큰둥이 고양이』 110

말하기, 또 연습해요 - 『나는 강물처럼 말해요』 112

글자를 알게 되었어요 - 『이야기 이야기』 114

낙서의 힘 - 『어디로 갔을까?』 116

나이에 맞는 말과 행동 - 『진정한 일곱 살』 118

죽음과 애도 - 『행복한 장례식』 120

죽음은 새로운 시작 - 『어서 오세요 만리장성입니다』 122

4. 좋은 부모가 되어 가요

줏대 있는 부모 -『하인리히 호프만 박사의 더벅머리 아이』 126
지나친 자식 사랑 -『김수한무 거북이와 두루미 삼천갑자 동방삭』 128
엄마에게 필요한 용기 -『이슬이의 첫 심부름』 130
자녀와의 대화 -『놀이터의 왕』 132
부모의 책임감 -『다음 달에는』 134
헨젤의 독립, 엄마의 독립 -『헨젤과 그레텔』 136
엄마를 위한 책 -『브루노를 위한 책』 140

5. 함께 살아가요

이미지로 이해하기 -『내 이름은 자가주』 144
오늘에 집중하기 -『헨리에타의 첫 겨울』 146
마음의 문 열기 -『색깔 손님』 148
다가가는 용기 -『잊었던 용기』 150
할머니의 내리사랑 -『솔이의 추석 이야기』 152
바르게 살기 -『슈퍼 거북』 154
공평하게 나누기 -『우리가 케이크를 먹는 방법』 156
노란 조끼의 고집 -『나는 안내견이야』 158
다양한 문화, 다양한 밥 -『밥 안 먹는 색시』 160

6. 역사와 환경을 살펴보아요

백 살 어린이 -『만년샤쓰』 164
제주 4·3 이야기 -『동백꽃이 툭,』 166
베트남 전쟁, 그 후 -『용맹호』 168

사과가 겪은 한국 전쟁 – 『친절한 친구들』 170

남북 어린이 문학의 통일 – 『금강산 호랑이』 172

시인 백석과의 만남 – 『시인 아저씨, 국수 드세요』 174

두 화가의 유머 – 『우리는 친구』 176

꽃이 예쁜 걸 알아요 – 『내가 예쁘다고?』 178

나무를 안아요 – 『나무의 마음』 180

80억 명을 1명으로 – 『지구에서 가장 큰 발자국』 182

Ⅰ. 그림책, 어떻게 읽어줄까요?

1. 그림책이란?

　아이가 그림책을 읽어 달라고 자꾸 꺼내오는 바람에 읽어주고 또 읽어주다 지쳤던 경험이 한 번쯤은 있었을 것입니다. 아이에게 그림책은 무엇이길래 그처럼 하염없이 읽어달라고 할까요?

　어느 날 아이는 책이라는 것을 만납니다. 호기심에 네모난 물체를 이리저리 만져봅니다. 그러다가 어느 순간 종이가 펼쳐지고, 알록달록한 그림이 눈에 들어옵니다. 그것을 가만히 들여다보고 있으니 엄마가 기뻐합니다. 평소와 다른 엄마 목소리가 들립니다. 아이는 눈으로 그림을 보고, 귀로는 엄마의 목소리를 듣습니다.

　그림책은 아이가 처음으로 만나는 책입니다. 글과 그림이 뗄 수 없는 관계를 유지하면서 이야기를 전달하는 매체입니다. 특히 그림책은 아직 글자를 모르는 아이들에게 읽어줄 때 더 효과적입니다. 글과 그림의 조화가 빛을 발합니다. 그림책은 글과 그림을 모두 읽어야 하기에 혼자보다 여럿이 읽을 때 이해되는 부분이 많습니다. 그림책은 어린이와 어른 모두가 즐길 수 있는 예술입니다.

인간의 역사에서 오늘날처럼 어린이를 하나의 인격체로 인정한 것은 사실 그리 오래되지 않았습니다. 그림책은 어린이의 재발견과 관련이 있습니다. 그림책 역사에서 코메니우스의 『세계도해』(범지출판사, 2021)를 첫 번째로 꼽는 이유도 어린이를 위해 만든 최초의 책이기 때문입니다. 이후, 인쇄술의 발달로 대량 생산이 가능하고 가격이 저렴해지면서 귀족층 및 일반 어린이까지 다양한 그림책을 손쉽게 볼 수 있게 됩니다.

우리나라도 어린이를 어른과 같은 인격체로 바라본 사람이 있습니다. 바로 소파 방정환입니다. 방정환은 일제강점기에 어린이날을 만들고 어린이를 위한 다양한 문화운동을 펼쳤습니다. 그 가운데 가장 큰 업적은 《어린이》라는 잡지를 만들어 아이들에게 다양한 읽을거리를 제공한 것입니다. 이를 계기로 동요·동시·동화·아동극과 같은 아동문학이 시작되었습니다. 하지만 그 당시에는 그림책은 존재하지 않았습니다.

오늘날과 같은 순수 창작 그림책이 등장한 것은 그로부터 훨씬 더 시간이 흐른 다음의 일입니다. 1987년 우리나라가 세계 저작권 협약에 가입하면서 외국 그림책에 대한 무단 복제가 사라졌습니다. 그러면서 본격적인 창작 그림책의 시대가 열렸습니다. 그 선두주자가 바로 류재수의 『백두산 이야기』(보림, 2009)입니다.

이후, 1990년대 비약적인 경제 발전과 높은 교육열에 힘입어 우리나라 그림책 시장은 크게 성장합니다. 높은 수준의 그림책 작가들이 속속 등장하면서 2000년대 들어 한국의 그림책이 세계적으로 인정을 받습니다. 『노란 우산』(보림, 2007), 『도대체 그동안 무슨 일이 일어났을까?』(재미마주, 2001), 『파도야 놀자』(비룡소, 2017), 『그림자놀이』(비룡소, 2010), 『나는 지하철입니다』(문학동네, 2020) 등이 《뉴욕타임스》 올해의 그림책에 선정됩니다. 1997년부터 참가한 이탈리아 볼로냐 아동 도서전에서도 현재까지 한국의 그림책은 K-그림책의 입지를 굳건히 지키고 있습니다. 이에 힘입어 백희나 작가가 아스트리드 린드그렌 추모 문학상(2020)을, 이수지 작가가 안데르센 상(2022) 그림 작가 부문을 수상합니다. 2023년부터 한국출판문화산업진흥원에서는 '대한민국 그림책상'을 운영하며 한국 그림책의 발전에 공헌하고 있습니다.

이와 더불어 우리나라 그림책 발전에 크게 이바지한 사회 운동이 있습니다. 2003년에 시작된 '북스타트 운동'입니다. 이 운동은 북스타트코리아와 지방자치단체가 함께 펼치는 지역사회 문화운동 프로그램으로, 이제 막 태어난 아기에게 그림책을 무료로 나눠주는 것입니다. 아기와 부모가 그림책을 통해 풍요로운 관계를 형성하고, 대화를 통해 길러지는 소중한 인간적 능력들을 심화시킬 수 있도록 도움을 주는 것이 바로 북스타트 운동의 역할입니다. 이는 우리 사회가 아직 글자를 모르는 아기도 책을 보는 독자임을 인정했다는 점과 지역사회가 독서를 통한 문화복지와 평생교육의 초석을 놓았다는 점에서 중요한 의미가 있습니다.

2. 좋은 그림책의 조건

 부모가 좋은 그림책을 찾는 이유는 무엇일까요? 그것은 자녀에게 좋은 그림책을 제공하여, 올바로 성장할 수 있도록 도와주기 위해서입니다. 그러자면 부모가 먼저 좋은 그림책을 고를 수 있는 밝은 눈을 지닌 안내자가 되어야 합니다.

 저 역시 좋은 안내자가 되고 싶어 그동안 그림책과 관련한 많은 이론서를 찾아 읽었습니다. 이들은 문학적 기준, 예술적 기준, 교육적 기준, 번역서가 갖추어야 할 기준 등 좋은 그림책이 무엇인지 파악하는 데 많은 도움을 주었습니다. 이 외에도 그림책 전문가가 소개하는 도서 목록이나 신뢰할 말한 기관에서 제작해 배부하는 추천 도서 목록, 그림책 분야의 권위 있는 상들이 제시하는 심사 기준 등도 좋은 그림책을 고르는 안목을 키우는 데 크게 일조했습니다.

 그동안 제가 경험한 내용을 바탕으로 좋은 그림책의 조건을 간략하게 소개하면 '문학적인 글과 예술적인 그림인가?', '아이의 호기심을 일으키고 상상력을 자극하는가?', '등장인물이 고난을 헤쳐나가는 방법을 알려주는가?', '사회적 포용과 공감에 증진하는가?', '어린이뿐만 아니라 책을 읽어주는 부모에게도 흥미로운 내용인가?' 등입니다.

하지만 이들은 일반적인 조건일 뿐 실제 그림책의 선택에 있어서는 고려해야 할 내용이 많습니다. 가령, 국내외의 권위 있는 상을 받은 그림책이나 전문가가 추천하는 그림책을 읽거나 아이에게 읽어주고 크게 실망했던 경험이 있을 것입니다. 왜 그런 일이 생겼을까요? 그것은 그림책의 내용이 독자가 자라온 환경과 너무 다르거나, 배경지식이나 관심사가 다양하기 때문입니다. 또한, 아이들의 경우 연령대에 맞지 않았을 가능성이 큽니다. 이처럼 좋은 그림책의 조건을 충족했다 하더라도 독자가 누구냐에 따라 다른 평가가 나올 수도 있습니다.

따라서 좋은 그림책인지 아닌지를 알고 싶으면 실제 그림책을 읽고 자세히 살펴보아야 합니다. 특히 자녀의 관심과 흥미를 충족시킬 만한 그림책인지 아닌지를 판단하려면 부모가 먼저 그림책을 읽어야 합니다. 직접 읽지 않고는 좋은 그림책을 고를 수 없습니다.

제가 생각하는 좋은 그림책의 조건은 다음과 같습니다. 첫째로는 읽어주는 부모가 재미있고 자녀에게 들려주고 싶은 책인가? 둘째로는 읽어주는 동안 자녀와 상호작용을 하며 자신 있게 읽어 줄 수 있는 책인가? 그림책은 읽어주는 사람과 듣는 사람 간의 관계에서 더욱 빛이 납니다.

3. 그림책 읽어주기의 효과

1) 마음이 안정됩니다

저는 예나 지금이나 서툰 엄마입니다. 아이들에게 좋은 모습을 보여주려고 노력하지만 부족할 때가 많습니다. 때때로 씩씩대는 마녀가 되기도 합니다. 심지어 아이 잘못이 아님에도 공연히 아이에게 화를 내기도 합니다. 책을 읽어줄 때만큼은 마녀 엄마가 사라집니다. 바짝 날이 섰던 목소리도 어느덧 누그러집니다. 아이의 표정도 한결 밝아지고, 엄마의 목소리에 귀를 기울입니다. 마녀 같던 엄마가 자애로운 엄마로 변하는 시간입니다.

그림책 『괴물들이 사는 나라』(시공주니어, 2017)의 마지막 문장은 "저녁밥은 아직도 따뜻했어."입니다. 어릴 적 엄마에게 혼나고 눈치만 보고 있을 때 "밥 먹어라."라는 말에 얼마나 마음이 놓였는지 모릅니다. 그처럼 아이에게 안도의 시간을 하나 더 만들어 주면 어떨까요? 몸에는 밥으로, 마음에는 엄마가 읽어주는 그림책으로 말입니다.

2) 대화의 씨앗입니다

아이에게 그림책을 읽어주다 보면 글에서 말하는 내용이 그림에 없을 때가 있습니다. 우리 아이도 "엄마, 어디? 그 말은 왜 그림에 없어?"하고 묻곤 했습니다. 제가 "그럼, 네가 그려볼래?" 하고 말하자 아이는 신이 나서 종이에 그림을 그렸습니다. 그때 아이가 그린 그림을 책 사이에 끼워 두었습니다. 그 당시 아이가 그린 그림을 품고 있는 『구룬파 유치원』(한림, 1997)과 『반쪽이』(보림, 2008)는 표지만 봐도 아이의 쫑알거림이 들립니다. 한번은 제가 몇 달째 『코스모스』(사이언스북스, 2010)와 씨름하고 있던 어느 날, 고등학생이 된 아이가 묻습니다. "엄마가 왜 이 책을 읽어?" "너, 이 책 알아?" "이과 애들 추천 도서 목록에서 봤어.", "엄마, 이 책 다 읽으면 『총 균 쇠』(김영사, 2023)도 한 번 읽어 봐." 저와 아이는 지금도 책을 매개로 자주 대화를 나눕니다. 그럴 때면 기분이 좋습니다. 아이들과 더 많은 대화를 할 수 있도록 물꼬를 터준 그림책이 참 고맙습니다.

3) 듣는 힘을 길러줍니다

인간은 듣기, 말하기, 읽기, 쓰기 순으로 언어를 익힙니다. 그림책은 아이들의 듣기 능력 향상에 매우 적합한 도구입니다. 아이들은 어른이 읽어주는 그림책을 들으며 언어를 습득하고, 모든 말을 문자로 표현할 수 있다는 것을 알게 됩니다.

이재복은 『아이들은 이야기밥을 먹는다』(문학동네, 2016)에서 아동문학은 듣는 문학이라고 말합니다. 그는 아이들의 경우 문장의 맛을 즐기며 독서하기가 어렵기 때문에 비록 글을 깨쳤다 하더라도 듣는 문학의 시기를 충분히 거치라고 조언합니다. 실제로 어린 시절의 풍부한 듣기 경험은 평생 독서 및 학습 능력에 큰 영향을 끼칩니다. 경험상 아이들은 이야기 듣기를 좋아합니다. 언제든 들을 준비가 되어있습니다.

4) 사고력을 키워줍니다

최근 시험문제의 길이가 석 줄을 넘기면 질문 자체를 이해하지 못하는 초등학생들이 늘어나고 있습니다. 어려서부터 화려하고 자극적인 영상에 과도하게 노출된 탓에 지각 능력이 떨어지고, 감정 표현도 서툽니다. 아이들은 본인이 느끼는 감정이 어떤 것인지 알아채기 어려워합니다. 독서는 이런 문제를 해결하는 데 많은 도움을 줍니다. 특히 어릴 적의 독서 습관은 사고력 향상에 큰 영향을 끼칩니다.

요즘처럼 바쁘고 복잡한 세상에서 독서는 빠른 길을 두고 멀리 돌아가는 것처럼 보이기도 합니다. 하지만 독서는 우리가 살아가면서 수시로 직면하는 온갖 문제를 해결하는 데 꼭 필요한 다양한 사고력 즉, 이해력, 분석력, 창의력, 비판력, 논리력, 추리력 등을 길러줍니다. 인간이 생존하는 데 없어서는 안 될

공기와 물만큼이나 사고력이 중요한 세상이 되었습니다. 그림책은 아이들의 다양한 사고력을 길러주기에 가장 적합한 매체입니다.

5) 시각적 문해력이 향상됩니다

요즘은 카페나 식당에서 음식을 주문할 때 키오스크라는 전자 메뉴판과 종종 마주칩니다. 그때마다 스크린 안에 모르는 글자가 하나도 없음에도 적지 않게 당황합니다. 그 밖에도 공항이나 기차역 등에서 흔히 볼 수 있는 것이 바로 '픽토그램'과 '인포그래픽'입니다. 이들은 모두 비상구나 화장실의 안내 표지판처럼 문자를 대신 그림과 같은 시각적 이미지를 통해 정보를 제공합니다. 따라서 오늘날엔 그와 같은 그림문자를 이해하고 다룰 수 있는 능력이 필요합니다.

그림책은 시각적 문해력을 익히는 데 적합한 매체입니다. 그림책의 그림은 이야기를 전달하는 또 하나의 언어입니다. 그림책을 한 장 넘기는 것은 키오스크에서 다음 단계로 넘어가는 것과 비슷합니다. 앞으로는 글을 모르는 문맹률보다 이미지를 모르는 문맹률이 더 심각해지는 시대가 올 것입니다. 아이들에게 그림책을 읽어주세요. 디지털 시대에 걸맞은 밝은 눈을 갖게 될 것입니다.

4. 그림책을 읽어주는 세 가지 방법

제 아이가 어렸을 때 아이 친구들이 집에 놀러 왔습니다. 아이는 제 장난감을 친구들이 갖고 노는 게 싫었든지 투덜거렸습니다. 그때 저는 아이가 좋아하는 그림책인 『구리와 구라의 빵 만들기』(한림, 1994)에 나오는 "구리와 구라, 욕심쟁이 아니에요. 사이좋게 먹기 위해 기다려 봐요."라는 문장을 말해 주었습니다. 그 결과는 아이를 다그치거나 훈계하는 것보다 훨씬 좋았습니다.

평소 엄마에게 불만이 많고, 말을 잘 듣지 않던 아이가 그림책을 읽어줄 때면 몰입하는 모습이 대견했습니다. 저는 아이에게 그림책 읽어주는 시간이 즐거웠고, 결국 도서관을 찾아가 그림책을 읽어주는 자원봉사를 시작했습니다. 이후 도서관에서 계속 독서 수업을 하고 있는데, 제 수업에서 가장 중요한 시간은 바로 그림책 읽어주기입니다.

하지만 처음부터 그림책을 읽어주는 일이 수월했던 것은 아닙니다. 같은 그림책이라도 나이대가 다른 아이들에게 읽어 줄 때, 저는 아이들의 눈높이에 따라 읽어주기 방법이 달라져야 하는 게 아닐지 고민했습니다. 그림책의 글 텍스트를 그대로 읽어줘야 할지, 아니면 상황에 따라 조금씩 바꿔가며 읽어주어야 할지 우왕좌왕하기도 했습니다.

 그러던 중에 저의 고민을 해결해 주는 책을 만났습니다. 『어린이 담당 사서를 위한 스토리텔링 운영 매뉴얼』(국립어린이청소년도서관, 2009)이 그것입니다. 이 책에는 평소 제가 궁금해하던 책을 읽어주는 방법 5가지를 소개하고 있는데, 그 내용의 핵심은 듣는 이에 따라, 작품에 따라, 활동 목적에 따라 읽어주는 방법이 달라져야 한다는 것이었습니다.

 그 책을 만나고 나서 어느 정도 답답했던 마음이 풀린 저는 그동안 그림책을 읽어주며 활용하는 제 나름의 방법들을 적어봤습니다. 그림이나 글자를 가리고 읽어주기, 등장인물의 대사 만들며 읽어주기, 의성어와 의태어를 동작으로 표현하며 읽어주기, 주인공의 이름 대신 듣는 아이 이름으로 읽어주기 등 제법 많은 방법이 있었습니다. 이들을 크게 세 개의 항목으로 나누어 다시 분류했더니 '표지 읽어주기'에 10가지, '내용 중심 읽어주기'에 12가지, '관계 중심 읽어주기'에 4가지 해서 총 26가지나 되었습니다.

 처음 그림책 읽어주기에 입문하는 부모의 경우 이 방법을 다 습득하려 한다면 아마도 아이에게 책을 읽어주기도 전에 지쳐버리고 말 것입니다. 그림책을 읽어줄 때는 책의 내용에 따라, 아이의 발달단계에 따라 그에 맞는 방법을 적절히 취사선택하면 됩니다. 즉, 본인에게 맞는 방법을 찾으면 됩니다. 그림책 읽어주기는 읽어주는 사람도, 듣는 사람도 부담 없이 즐거워야 합니다.

1) 표지 읽어주기 방법

 그림책의 이야기는 글과 그림을 통해 종이라는 물리적 공간에서 펼쳐집니다. 그 가운데 특히 눈여겨봐야 할 곳이 표지입니다. 그림책은 보통 글 텍스트와 그림 텍스트로 구성되는데, 흔히 표지를 '파라텍스트'라고 부릅니다. 파라(para)는 곁이라는 뜻으로, 이야기를 둘러싸고 있는 공간을 말합니다. 즉, 표지는 이야기의 시작과 끝을 둘러싸고 있는 그림책의 곁입니다.

넓은 의미의 '표지'는 앞표지, 뒤표지, 앞 면지, 뒤 면지, 헌사지, 속표지를 모두 포함합니다. 또 그림책과 관련한 정보를 제공하는 부분이나 원문을 다른 언어로 변환해 놓은 부분도 이에 포함됩니다. '표지'는 그림책의 본격적인 이야기가 담긴 부분을 제외한 나머지를 가리킵니다.

독자는 표지를 통해 그림책과 처음으로 대면하게 됩니다. 따라서 글 작가와 그림 작가, 그리고 출판사는 독자의 관심과 흥미를 끌기 위해 다양한 방법으로 표지를 디자인합니다. 앞표지가 그림책 읽기의 시작이라면, 뒤표지는 그림책 읽기의 끝이라고 할 수 있습니다.

① 제목, 작가, 출판사 읽어주기

그림책의 앞표지에 인쇄된 제목, 글 작가, 그림 작가, 옮긴이, 출판사를 읽어주는 방법입니다. 글 작가와 그림 작가, 출판사는 한 권의 책이 만들어지는 데 꼭 필요한 최소한의 구성 요소입니다. 이들은 이후 또 다른 책을 선택하는 데 있어 많은 도움을 줍니다. 특히 제목은 그림책의 내용을 응집해 놓은 것으로, 독자가 가장 먼저 읽는 부분입니다. 그런데 아이에게 그림책을 읽어주는 부모들 가운데 제목을 생략하고 읽어주는 경우가 의외로 많습니다. 눈으로만 제목을 읽고, 곧바로 본문으로 넘어가기도 합니다.

한두 살 된 어린아이는 집중 시간이 매우 짧은 탓에 제목만 읽어야 할 때도 있습니다. 하지만 그 외의 경우에는 제목, 글 작가, 그림 작가, 출판사를 빠트리지 말고 읽어주십시오. 앞표지는 이야기라는 집으로 들어가는 대문입니다. 누가 그 집을 지었는지 아이들에게 알려줄 필요가 있습니다.

② 제목의 글씨체, 크기, 색감에 관해 이야기 나누기

이 방법은 제목 글자의 디자인을 살펴보고 느낌을 말하는 것입니다. 그림책의 제목은 디자인이 전부 다릅니다. 글자의 색깔, 글자의 크기나 굵기 등 같은 것이 하나도 없습니다. 제목이 돋보이게 다양한 재질로 표현하기도 합니다. 글 작가는 이야기를 가장 잘 드러낼 수 있는 제목을 짓기 위해 고심하고, 그림 작가나 편집자는 그것을 효과적으로 표현하려고 부단히 노력합니다.

『엄마가 화났다』(책읽는곰, 2011)는 제목의 여섯 글자 가운데 유독 '화'자만을 붉은색으로 처리했습니다. 이 그림책을 읽고 나서 한 아이는 "엄마가 화가 나서 여기는 빨간색이고요. 여기는 화가 풀려서 노란색이에요."라며 앞표지와 책등을 가리켰습니다. 저는 그 아이를 통해 책등에 적힌 제목의 경우 '화'자가 노란색이라는 것을 알았습니다. 이처럼 아이들은 그림책을 볼 때 제목의 글자 하나도 허투루 하지 않습니다. 제목의 글씨체, 크기, 색감에 관해 이야기를 나누면 재미가 배가 될 뿐만 아니라, 그림책을 보는 심미안도 그만큼 높아집니다.

③ 제목 읽고 어떤 이야기인지 상상해 보기

그림책의 성격이나 내용을 가장 잘 드러내는 것이 바로 제목입니다. 이 방법은 제목을 보고 어떤 이야기가 전개될지 미리 상상해 보는 것입니다. 그림책을 읽어주기 전에 이 방법을 적용하면 아이들의 호기심을 자극하여 그만큼 집중력이 좋아집니다.

『나태평과 진지해』(천개의바람, 2022)는 초등학교 생활을 시작하는 아이와 직장생활을 시작하는 엄마의 사회 적응을 다룬 이야기입니다. 제목을 읽고 아이들과 앞으로 전개될 두 주인공에 대해 이야기 나누기에 적합합니다.

『흰 눈』(바우솔, 2023)은 공광규 시인의 작품「흰 눈」을 그림책으로 만든 것입니다. 이 책 역시 제목을 읽고 계절적 배경에 대해 말하며 아이들의 상상력을 자극하기에 알맞습니다.

④ 제목 가리고 읽어주기

드물지만 그림책의 제목을 가리고 읽어주는 방법입니다. 제목 가리기는 제목의 전부 혹은 부분만 가릴 수도 있습니다. 제목을 가린 채 표지 그림을 탐색하며 제목을 연상해 보거나, 그림책을 다 읽은 후 제목 지어보기를 할 수 있습니다. 이 방법은 그림책 내용이 명확하여 제목을 예측하기 쉬워야 하고, 너무 긴 제목에는 적용하기 어렵습니다.

제목을 가릴 때는 그림책에 있는 모든 제목을 가려야 합니다. 자칫 방심해서 책등과 속표지를 가리지 못했을 경우, 아이들은 기가 막히게 찾아냅니다. 글자를 아는 초등학생을 대상으로 이 방법을 적절히 사용하면 문해력 증진에도 효과적입니다.

『백만 년 동안 절대 말 안 해』(웅진주니어, 2011)는 제목이 말풍선 안에 들어

있습니다. 말풍선 모양대로 제목을 가리고 책을 읽은 뒤에 제목 맞추기를 하면 좋습니다. 또한, 떼어낸 말풍선 종이에 새로운 제목을 지어볼 수도 있습니다.

⑤ 표지 그림 보고 주인공의 표정, 장소, 상황 이야기하기

이 방법은 그림책의 앞표지에 그려진 주인공의 표정, 장소, 상황 등을 이야기하며 읽어주는 것입니다. 제목이 그림책의 이름이라면, 앞표지는 그림책의 얼굴입니다. 앞표지의 그림은 다양한 정보를 제공합니다. 주인공을 보여주고, 공간적 배경을 짐작할 수 있도록 해줌으로써 앞으로 어떤 이야기가 펼쳐질지 궁금증을 자아내게 합니다.

『비가 오는 날에…』(보림, 2001)의 앞표지는 동물들이 커다란 우산을 나란히 쓰고 있습니다. 책의 내용을 읽어주기 전에 아이들과 어떤 동물들인지, 어떤 상황인지 살펴보기에 알맞습니다. 『백살공주 꽃대할배』(출판놀이, 2021)도 표지에 있는 할머니와 할아버지의 표정과 동작을 보며, 그들이 무엇을 하고 있는지 아이들과 이야기를 나누기에 좋습니다.

⑥ 뒤표지 살펴보기

그림책 읽어주기의 마무리는 뒤표지입니다. 하지만 뒤표지를 보지 않고 그림책 감상을 끝내버리는 경우가 많습니다. 뒤표지는 이야기의 여운을 느끼고, 이야기를 정리하기에 알맞은 부분입니다. 본문을 읽고 나서 그림책 읽기가 다

끝났다고 그냥 책장에 꽂지 마세요. 뒤표지에는 아직 끝나지 않은 이야기들이 우리를 기다리고 있습니다.

『해가 왔다』(사계절, 2024)는 뒤표지의 그림을 보면서 다시 한번 빌딩으로 가득한 도시공간을 이해하기 알맞습니다. 『달팽이 학교』(바우솔, 2023)의 뒤표지에는 '달팽이 학교는 선생님이 더 많이 지각한다.'라는 글이 적혀 있습니다. '달팽이 학교는 선생님이'까지만 읽고 멈추면 아이들이 이어서 "오늘도 늦는다." "지각한다." 하고 말합니다. 이렇게 뒤표지는 그림책의 핵심적인 내용을 포함하고 있는 경우가 많습니다.

⑦ 앞표지와 뒤표지 같이 읽어주기

앞표지와 뒤표지가 각각의 그림이 아니라, 하나의 그림으로 구성된 그림책이 있습니다. 앞표지와 뒤표지를 한꺼번에 펼치면 전체 그림이 보입니다. 이렇게 앞표지와 뒤표지가 하나의 그림으로 만들어졌다면, 양쪽 모두를 자세히 살펴볼 필요가 있습니다.

이 방법은 그림책 읽기 전과 읽은 후 두 지점에서 모두 활용할 수 있는데, 이는 내용과의 연계를 고려하여 선택하면 됩니다. 가령, 『앵무새 열 마리』(시공주니어, 2017)는 내용을 읽어주기에 앞서 앞표지와 뒤표지를 펼쳐 보여주는 것이 좋습니다. 제목에 앵무새가 열 마리라고 했으니, 실제 열 마리가 있는지 아이들과 함께 세어봅니다. 그런데 앞표지에는 아홉 마리만 있습니다. 그럼 한 마리는 어디에 있을까요? 그림책을 통해 확인해 보세요.

⑧ 면지 읽어주기

그림책은 대부분 하드커버(Hardcover) 또는 양장본(洋裝本)으로 제작되어 있습니다. 딱딱한 커버인 표지를 넘기면 표지와 붙어있는 부분이 바로 면지입니다. 면지는 하드커버와 내지를 이어주는 경첩 역할을 합니다. 풀을 칠해 표지에 붙여놓아 풀칠 면이라고도 합니다. 면지는 앞 면지와 뒤 면지로 구성되며, 표지와 마찬가지로 이야기를 전달하는 기능을 합니다.

면지는 그림이 놓이거나, 그림 없이 한 가지 색으로 채우기도 합니다. 면지의 그림은 주로 사건의 배경이나 주인공, 이야기를 상징하는 어떤 사물이 등장합니다. 때로는 면지에서부터 이야기가 시작되기도 합니다.

『터널』(논장, 2018)의 면지에는 오빠와 여동생을 상징하는 그림이 그려져 있습니다. 『내가 가장 듣고 싶은 말』(나는별, 2021)의 뒤 면지에는 주인공을 위로하는 내용의 손글씨가 적혀 있습니다. 하나하나 읽어 보면 독자들도 주인공에게 위로하는 말을 적고 싶어집니다. 『색깔 손님』(한울림어린이, 2015)은 같은 장소를 앞 면지, 뒤 면지에서 다른 색깔로 표현하였습니다. 한 아이는 뒤 면지 그림을 보고는 앞 면지로 돌

아가 다른 그림 찾기를 하기도 했습니다. 아이들은 면지도 꼼꼼히 보는 독자입니다.

그림책은 도입, 전개, 마무리로 구성되어 있습니다. 도입은 앞표지와 앞 면지, 속표지이며 전개는 이야기가 펼쳐지는 부분입니다. 그리고 마무리는 뒤 면지와 뒤표지입니다. 면지는 글과 그림이 많지 않아 부담스럽지 않습니다. 책 읽기와 친숙하지 않은 아이라면 그림책의 면지부터 접근하면 좋습니다. 면지를 품은 그림책은 친절합니다.

⑨ 속표지 읽어주기

속표지에는 책 제목과 출판사만 있기도 하고, 글 작가와 그림 작가의 이름이 들어가 있기도 합니다. 그림이 없는 경우가 많으나, 간단한 그림이 놓이기도 합니다. 만일 그림이 있다면 찬찬히 살펴보는 것이 좋습니다. 속표지에 있는 그림의 경우 대부분 주요한 내용을 표현하면서 자연스럽게 이야기 속으로 안내하는 역할을 하기 때문입니다.

『금강산 호랑이』(길벗어린이, 2017)의 속표지에는 주인공이 고개를 숙이고 서 있는 그림이 실려 있습니다. 그 모습을 흉내 내거나, 어느 때 그런 자세를 취하는지 아이들과 함께 이야기를 나누면 그림책 이해에 훨씬 도움을 줍니다.

『오리 왕자』(바우솔, 2023) 속표지에는 빨간 스카프를 두른 막내 오리가 나옵니다. 이 스카프는 마지막 부분에서 다른 모습으로 그려져 있는데, 이는 주인공의 성장을 의미합니다.

속표지에는 이야기가 없다고 생각한 아이들은 어서 책장을 넘겨 달라고 하거나, 여러 번 반복되는 제목이 지루해서 한 번만 읽어주기를 바라기도 합니다.

이는 이야기를 듣고 싶은 욕구가 그만큼 강하다는 뜻입니다. 따라서 듣는 아이들의 입장을 헤아려가며 속표지를 읽어주는 것이 좋습니다.

⑩ 앞표지의 특이한 점 살피며 읽어주기

그림책의 앞표지는 여러 재질의 종이를 사용하거나, 제목과 그림에 에폭시를 넣어 질감을 표현하는 등 다양한 방법으로 디자인합니다. 또한, 문학상 수상 마크가 붙어있는 책도 있습니다. 이 방법은 앞표지를 장식하고 있는 그와 같은 특이한 사항을 꼼꼼히 살피며 읽어주는 것입니다.

가령, 『개욕탕』(천개의바람, 2024)의 앞표지는 이야기의 공간적 배경인 목욕탕 그림으로 꾸며져 있습니다. 전체 그림의 1/3이 타일로 이루어져 있는데, 실제 타일처럼 그 질감이 손끝으로 느낄 수 있도록 제작했습니다. 이 외에도 다양한 방법으로 표지를 특색 있게 꾸민 그림책이 많이 있습니다. 이처럼 그림책은 지식과 정보만이 아니라 아이들의 감각 발달에 도움을 주기도 합니다.

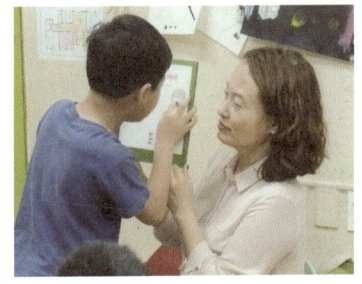

표지를 읽어주는 방법

(1) 제목, 작가, 출판사 읽어주기
(2) 제목의 글씨체, 크기, 색감에 관해 이야기 나누기
(3) 제목 읽고 어떤 이야기인지 상상해 보기
(4) 제목 가리고 읽어주기
(5) 표지 그림 보고 주인공의 표정, 장소, 상황 이야기하기
(6) 뒤표지 살펴보기
(7) 앞표지와 뒤표지 같이 읽어주기
(8) 면지 읽어주기
(9) 속표지 읽어주기
(10) 앞표지의 특이한 점 살피며 읽어주기

2) 내용 중심 읽어주기 방법

내용 중심 읽어주기는 그림책의 내용을 잘 전달하는 방법으로 구성되었습니다. 다음은 주의력이 짧은 아이들도 그림책을 통해 독서의 즐거움을 느낄 수 있도록 도와주는 방법들입니다.

① 예측하며 읽어주기

이 방법은 아이들이 앞으로 전개될 이야기에 흥미와 관심을 가질 수 있도록 안내하는 것입니다. "주인공이 어떻게 될까?", "다음에 어떤 일이 벌어질까?"처럼 주로 내용과 관련된 질문을 합니다. 이때 주의할 점은 아이들이

다음에 나올 내용을 쉽게 맞히거나, 어느 정도 짐작이 가능한 질문을 하는 것이 좋습니다. 이 방법은 거의 모든 그림책에서 사용할 수 있으며, 아이들에게 그림을 볼 시간과 생각할 시간이 충분히 주어졌을 때 사용하면 효과적입니다.

② 등장인물 대사 만들며 읽어주기

글이 없거나 바탕글만 있는 장면에서 등장인물의 대사를 만들어 보는 것입니다. 이 방법은 아이들이 이야기의 상황을 파악하고, 맥락을 이해하고, 해당 인물의 심정에 공감할 수 있어야 가능합니다.

『야, 비 온다』(보림, 2022)에서 주인공 단이는 민들레, 고양이, 개구리들에게 우산을 씌워줍니다. 이 장면은 아이들과 대사를 만들기에 적합합니다. 『구룬파 유치원』(한림, 1997)은 주인공 구룬파의 대사가 거의 없습니다. "구룬파가 지금 말을 한다면 뭐라고 할까?"라고 아이들에게 물어본 다음 대사를 적어 보게 할 수도 있습니다.

③ 동요 부르며 읽어주기

이 방법은 그림책의 내용과 관련한 동요를 부르며 읽어주는 것입니다. 아이들은 기분이 좋을 때도, 심심할 때도 노래 부르기를 즐깁니다. 이 방법은 그림책을 읽어주다가 아이들의 집중이 떨어지거나, 아이들이 지루해할 때 활용하면 좋습니다. 하지만 아이들이 이야기에 몰입해 있는 상황에서 갑자기 이야기를 멈추고 노래를 부르게 하는 것은 바람직하지 않습니다.

『두드려 보아요』(사계절, 2007)는 어린아이가 한 번에 읽기에는 다소 긴 분량입니다. 이 그림책을 읽어줄 때 하얀 문이 나오는 페이지에서 귀를 책 가까이에 대고 "어! 여기서 노래가 들리네." 하며 동요 '곰 세 마리'를 부릅니다. 그런 뒤에 곰 가족이 등장하는 다음 페이지로 책장을 넘기면 좋습니다. 하얀 문까지 오는 동안 흐트러졌던 아이의 주의력을 다시 모을 수 있습니다. 『모두 다 꽃이야』(풀빛, 2021)는 유명한 국악 동요를 그림책으로 만든 것입니다. 아이들과 함께 노래 부르며 읽기에 알맞은 책입니다.

④ 이야기를 노래로 만들며 읽어주기

그림책의 이야기를 노래로 만들어 읽어주는 방법입니다. 이때 가사는 그림책 글의 일부, 또는 전체 내용을 토대로 만듭니다. 그림책의 내용 중에 노래를 부르는 장면이 나오거나, 악기를 연주하는 장면이 있을 때 활용할 수 있습니다. 곡은 새로 만드는 것보다 기존의 곡을 사용하는 것이 부담이 적습니다.

『구리와 구라의 빵 만들기』(한림, 2017)는 두 주인공이 숲속으로 들어가면서 노래를 부릅니다. 그림책에 가사가 있어 노래를 부르며 읽어주기에 좋습니다.

『손 큰 할머니의 만두 만들기』(새미마주, 2007)는 "만두 만두 설날 만두 아주아주 맛난 만두, 숲속 동물 모두 모두 배불리 먹고도 남아"라는 문장이 나옵니다. 운율에 맞게 쓰여 있어 전래 동요인 '잘잘잘'의 가락에 맞춰 노래를 부르면 좋습니다.

노래를 활용해 그림책을 읽어줄

때는 가수처럼 노래를 잘 부를 필요가 없습니다. 어설프게 불러도 아이들이 즐거워하고, 그 책을 오래도록 기억합니다. 그림책은 평면입니다. 노래를 부르며 그림책을 읽어주면 아이들의 시각과 청각을 자극하여 입체적으로 감상할 수 있습니다.

⑤ 그림이나 글자 가리고 읽어주기

그림책의 이야기에는 시간의 흐름이 있습니다. 반면에, 이야기를 표현하는 그림은 정지되어 있습니다. 글은 시간에 따라 변화가 일어나는데, 그림은 특정한 순간을 묘사할 수밖에 없습니다. 가장 정확한 시계는 고장 난 시계라는 말처럼 아이러니합니다.

그림책은 보통 양쪽 펼친 면이 한 쌍을 이룹니다. 주로 왼쪽 위에 글이 놓이고, 그림은 양쪽 면을 모두 차지합니다. 그런데 가끔 그림이 글의 내용보다 앞서 나오는 등 글과 그림이 불일치할 때가 있습니다. 이 방법은 글과 그림의 배치가 듣는 사람에게 혼동을 줄 수 있다고 판단될 때 사용하면 좋습니다. 유의할 점은 그림이나 글자를 가리는 종이의 색감이나 질감이 원본과 너무 다르면 오히려 감상을 방해할 수도 있다는 것입니다.

『똥방패』(창비, 2015)의 경우 20쪽은 똥벌레가 외치는 말이 있고, 21쪽은 곤줄박이가 있습니다. 이 장면을 읽어줄 때 곤줄박이를 흰

종이로 가립니다. 마침 그림 배경도 흰색이라 크게 지장을 주지 않습니다. 똥벌레의 말을 다 읽은 후, 곤줄박이를 가린 종이를 떼어내며 읽으면 좋습니다.

⑥ 특정 그림 찾으며 읽어주기

그림책의 그림은 내용을 명확하게 하고, 글이 말하지 않는 사건의 단서를 보여주며 이야기를 이끌어 가기도 합니다. 이 방법은 그림책을 읽어주다가 아이들이 의미 있는 그림을 놓치거나, 또는 아이들에게 특정 장면을 알려줄 필요가 있을 때 사용하면 좋습니다.

이 방법은 읽어주는 사람이 그림책 전반에 관해 충분히 이해하고 있어야 합니다. 또한, 이야기와 그림을 다 알고 있지만, 때로는 아이들의 흥미를 유발하기 위해 모르는 척하는 자세도 필요합니다. 단서가 되는 그림이나 주요 그림을 직접 알려주기보다는 아이가 스스로 발견할 수 있도록 자연스럽게 안내하는 것이 바람직합니다.

『브루노를 위한 책』(풀빛, 2020)은 공룡 발톱이 오른쪽 위 구석에 작게 그려져 있습니다. 이 책을 읽는 아이들이 공룡 발톱을 알아보지 못할 때 읽어주는 사람이 "브루노 눈동자를 볼래?"라고 유도하면 좋습니다. 그러면 아이들은 브루노의 눈동자가 지시하는 방향을 따라가면서 다음 페이지에 등장할 인물이 누구일지에 관해 집중하게 됩니다. 그림의 단서를 자발적으로 찾는 아이는 전개될 이야기에 궁금증을 갖게 되므로 그만큼 책에 더욱 깊이 빠져들게 됩니다.

⑦ 앞부분으로 되돌아가 읽어주기

책은 처음부터 끝까지 순서대로 읽어야 한다는 고정관념이 있습니다. 읽어주는 사람의 입장이 되면 더욱 그렇게 읽어줘야 할 것 같은 생각이 듭니다. 그렇지 않으면 아이의 독서 습관에 부정의 영향을 미치지는 않을까, 그림책 감상의 흐름을 깨는 것은 아닐까 등이 염려됩니다. 그런데 그림책을 읽어주다 보면 이미 읽은 곳으로 되돌아가야 할 때가 있습니다. 사건의 결과 부분을 읽다가 그 원인을 찾아 확인할 필요가 있으며, 방금 읽은 내용과 앞의 그림을 서로 비교해 보아야 할 때도 있습니다.

『그건 내 조끼야』(비룡소, 2008)에서는 늘어난 조끼를 아이들에게 보여주고 "이 조끼가 처음에는 얼마만 한 크기였냐면?" 하면서 앞장으로 돌아가 크기를 비교해 볼 수 있습니다. 『김수한무 거북이와 두루미 삼천갑자 동방삭』(비룡소, 2013)에서는 물에 빠진 아이를 구하려고 동네 사람들이 달려오는 장면이 나옵니다. 한번은 이 책을 읽어주는데, 한 아이가 누가 가장 먼저 물에 뛰어들었는지 궁금했는지 그 장면을 다시 보여달라고 부탁한 적이 있습니다. 책을 읽는 중에 아이가 앞으로 되돌아가기를 요구하는 것은 능동적인 독서를 하는 것입니다. 그런 경우 읽어주는 사람은 반드시 앞부분으로 되돌아가 읽어주는 것이 좋습니다.

⑧ 등장인물 흉내 내며 읽어주기

아이들은 한시도 가만히 있지 않습니다. 매 순간 몸을 움직이기 위해 존재하는 것 같습니다. 이 방법은 그림책을 읽어줄 때 등장인물의 행동이나 모습을 그대로 따라 하면서 읽어주는 것입니다. 단순히 글만 읽는 것이 아니라, 이처럼 등장인물의 흉내를 내면서 읽으면 분위기가 더욱 활기차집니다. 동작만 흉내 낼 수도 있고, 대사와 함께 흉내 낼 수도 있습니다. 마치 짧은 극을 보는 듯한 느낌을 주기도 합니다. 아이들 스스로 몸을 움직이면서 등장인물을 묘사하기 때문에 책의 이해가 더욱 명확해집니다.

『행복한 붕붕어』(길벗어린이, 2024)는 발이 달린 채 태어난 금붕어의 이야기입니다. 이 책의 첫 부분은 주인공 붕붕어가 당당하게 걷는 모습이 표현되어 있습니다. 아이들과 그런 붕붕어의 걸음을 따라 하며 읽기에 알맞습니다.

『이건 내 모자가 아니야』(시공주니어, 2018)는 큰 물고기의 눈동자를 흉내 내며 읽어주면 좋습니다. 페이지를 넘길 때마다 아이들도 물고기의 눈동자를 따라 했습니다. 또한, 아무 말 없이 팔을 뻗은 꽃게 모습을 흉내 내자 아이들도 따라 하며 몹시 즐거워했습니다.

⑨ 의성어·의태어를 동작으로 표현하며 읽어주기

그림책에 나오는 의성어와 의태어를 동작으로 표현하며 읽어주는 것입니다. 이 방법은 아이들에게는 단어 뜻을 쉽게 이해시키고, 언어를 감각적으로 익히는 재미를 줍니다.

『호랑이와 곶감』(국민서관, 2019)은 호랑이의 모습을 묘사한 '어슬렁어슬렁', 소도둑의 모습을 묘사한 '훌쩍' 등의 단어를, 그림을 보면서 동작으로 표현해 볼 수 있습니다. 의성어와 의태어로 써진『사과가 쿵!』(보림, 2009)도 흉내 내며 읽기에 적합합니다. 이와 반대로 의성어와 의태어가 없지만 이를 활용해서 읽어줄 수 있는 그림책이 있습니다. 『달님 안녕』(한림, 2010)은 그 대표적인 책으로, 고양이의 심정을 '야옹' 소리로 표현하며 읽어줄 수 있습니다.

⑩ 그림책의 물성을 활용하여 읽어주기

그림책의 형태와 물성을 활용해서 읽어주는 방법입니다. 책의 내용에 우산이나 집이 나올 경우 그림책을 펼쳐 우산처럼 머리에 쓰거나, 지붕 모양으로 만들며 읽어주는 것입니다. 또 비가 내리는 장면에서는 손가락으로 단단한 표지를 두드리면서 빗소리를 연출하며 읽어줄 수도 있습니다. 『노란우산』(보림, 2007)과 『구름빵』(한솔수북, 2019)은 이러한 방법을 사용하기에 적합합니다.

감각 운동기에 속하는 어린 아이들은 그림책을 장난감으로 만나면서 책과 친숙해집니다. 또 그림책을 우산, 문, 집, 쟁반같이 다른 물체로 변형하는 것은 하나의 물체를 여러 개의 의미로 만드는 행위입니다. 이처럼 그림책의 형태와 물성을 활용하여 읽어주는 것은 아이들의 사고력 발달에 많은 도움을 줍니다.

⑪ 세부적인 그림 찾아가며 읽어주기

아이들은 그림책 속에 그려진 세부적인 그림 찾기를 즐깁니다. 그림책을 읽어주다 보면 아이들은 갑자기 "저기 개미다!"라며 이야기와 상관없는 작은 그림에도 관심을 보입니다. 어른의 눈에는 아이들이 쓸데없는 그림에 집중하는 것으로 보일 수 있습니다. 하지만 아닙니다. 아이들은 주요한 그림뿐 아니라 작은 그림까지도 확인하며 그림책을 감상합니다.

이런 아이들의 특징을 알고 만든 것일까요? 김영진 작가의 그림책은 각 페이지마다 특정 캐릭터들이 있습니다. 『끝말잇기』(길벗어린이, 2023)의 경우 여섯 캐릭터가 내용과 무관하게 숨어 있습니다. 아이들이 이들을 찾느라 내용 감상은 종종 뒷전으로 밀리고는 합니다. 아직 글을 익히지 못한 아이들 눈에는 글보다 그림이 먼저 들어옵니다. 여섯 캐릭터를 모두 찾은 다음, 내용을 감상해도 되지 않을까요?

⑫ 특정 문구 함께 말하면서 읽어주기

이 방법은 그림책을 감상하는 아이와 특정 문구를 함께 말하면서 읽는 것입니다. 특정 문구는 간단한 효과음이나 의미 없는 짧은 문구, 그리고 반복되는 문구들입니다.

서정오는 이야기꾼이 지녀야 할 자세 가운데 하나로 듣는 사람이 끼어들 자리를 마련해 두라고 합니다(『옛이야기 들려주기』, 보리, 2011). 이야기를 들려주다가 듣는 사람이 얌전하면 일부러 군소리라도 넣어 끼어들게 하라고 말합니다.

『그건 내 조끼야』(비룡소, 2000)에는 "조금 끼나?"라는 대사가 반복됩니다.

책을 읽어주면서 이를 반복해서 사용하면 아이들이 좋아하면서 따라 합니다. 『로지의 산책』(봄볕, 2020)의 경우는 여우가 골탕 먹는 장면에서 "삐리리"와 같은 의미 없는 짧은 문구를 활용하여 읽어주어도 좋습니다.

내용 중심 읽어주기 방법

(1) 예측하며 읽어주기
(2) 등장인물 대사 만들며 읽어주기
(3) 동요 부르며 읽어주기
(4) 이야기를 노래로 만들며 읽어주기
(5) 그림이나 글자 가리고 읽어주기
(6) 특정 그림 찾으며 읽어주기
(7) 앞부분으로 되돌아가 읽어주기
(8) 등장인물 흉내 내며 읽어주기
(9) 의성어·의태어를 동작으로 표현하며 읽어주기
(10) 그림책의 물성을 활용하여 읽어주기
(11) 세부적인 그림 찾아가며 읽어주기
(12) 특정 문구 함께 말하면서 읽어주기

(3) 관계 중심 읽어주기 방법

한번은 그림책을 효과적으로 읽어주고 싶은 이유가 무엇인지 자문해 보았습니다. 오랜 생각 끝에 저는 그림책을 읽어주고 듣는 것은 '대화'라고 결론을 내렸습니다. 살다 보면 다른 사람과 관계를 맺고, 관계를 유지하는 일이 쉽지만은 않습니다. 서로 주고받는 말에 상처를 받고, 아파하기도 합니다. 아이를 키우는 일도 마찬가지입니다. 나이가 30년이 넘게 차이 나는 아이와 소통하는 일이 쉽지 않습니다. 하지만 그림책은 아이와 부모 간의 대화를 나눌 수 있는 훌륭한 도구입니다.

요즘은 디지털기기를 통해 다른 사람의 목소리를 듣습니다. 서로 눈을 마주보고 대화하는 기회가 점점 줄어들고 있습니다. 그러나 그림책을 감상하는 시간만큼은 상대방의 목소리를 직접 들을 수 있고, 서로의 눈을 바라볼 수 있습니다. 각자의 느낌을 공유할 수 있고, 여러 질문이 오가기도 합니다. 그림책을 매개로 읽어주는 사람과 듣는 사람 사이에 긍정적인 관계가 형성됩니다.

관계 중심 읽어주기에서 말하는 '관계'는 듣는 사람과 듣는 사람, 읽어주는 사람과 듣는 사람 사이의 관계를 모두 포함합니다. 그림책 읽어주기는 단순히 글자를 소리로 전달하는 것이 아니라, 듣는 사람의 반응을 반영하여 적극적으로 읽어야 합니다. 또한, 듣는 사람은 자신의 느낌이나 의문을 자유롭게 말할 수 있어야 합니다. 다음은 관계 중심 읽어주기의 네 가지 방법입니다.

① 듣는 이의 이름을 넣어 읽어주기

그림책 속 등장인물의 이름을 듣는 사람의 이름으로 바꾸어 읽어주는 방법입니다. 인간이 태어나 처음 알게 되는 글자는 아마도 본인의 이름일 것입니다. 보통 읽기도 쓰기도 본인 이름으로 시작합니다. 그림책을 읽을 때 듣는 사람의 이름을 넣어 읽어주면 주인공과의 동일시가 쉽고 내용 이해에도 도움이 됩니다. 이 방법은 읽어주는 사람과 듣는 사람이 일 대 일의 환경일 때 효과적입니다.

　이 방법을 사용할 때 유의할 점이 있습니다. 부정적인 인물이나 악인에 이름을 대입하는 것은 피해야 합니다. 자녀의 행동을 수정하고자 『안 돼, 데이비드!』(주니어김영사, 2020)를 읽으며 말썽꾸러기 주인공에 자녀의 이름을 넣어 읽어준 부모가 있습니다. 이송은은 책과의 불쾌한 초기 경험은 아이가 평생 독자로 성장하는 데 방해 요인이 될 수 있다고 말합니다(「그림책으로 마음 읽기」, 『한국어린이문학교육학회 2017년 춘계학술대회 자료집』, 2017, 61-91쪽 참조). 아무리 교육적이라 해도 듣는 사람이 받아들일 수 있어야 합니다. 부정적인 인물이나 악인에 아이의 이름을 대입하는 것은 피해야 합니다.

② 느낌이나 의문 자유롭게 말하며 읽어주기

　어른뿐 아니라 아이도 그림책을 자신만의 방식으로 이해합니다. 내용을 수동적으로 받아들이는 것이 아니라, 이해되지 않는 부분에서 질문을 합니다. 읽어주는 사람은 아이들이 자유롭게 말할 수 있는 환경을 허용해야 합니다. 아이는 자기의 느낌이나 생각을 표현하고, 또래의 의견을 들으면서 그림책을 이해합니다. 서로 주고받는 대화는 내용 이해에 도움을 주고, 새로운 지식을 생성하거나 기존 지식을 재구성할 수 있습니다.

　『달팽이 학교』(바우솔, 2023)를 읽어줄 때였습니다. 첫 페이지를 본 한 아이가 "누가 선생님이야?"라고 말하자 다른 아이들도 그림에서 선생님을 찾았습니다. 그때 제가 "선생님이 보여? 안 보여?"라고 묻자 아이들은 선생님이 안 보인다고 했습니다. 그러면서 안 보이는 이유가 "선생님이 더 지각을 해서야."라고 말했습니다. 제가 다시 "선생님이 없다는 것을 어떻게 알았어?"라고 물으니, 칠판과 빈 교탁을 가리키며 "여기 없잖아."라고 한 아이가 말했습니다. 그러자 또 다른 아이가 "난 처음에 이게 선생님이라고 생각했어."라며 가장 왼쪽에 있는 달팽이에 손을 짚었습니다. 한 아이의 의문에 다른 아이가 대답하는 식의 대화가 반복되면서, 선생님의 부재를 확인하는 읽기가 이뤄졌습니다. 아이들은 본인이 이해한 부분이 틀리면 바로 수정하는 모습을 보입니다. 이처럼 서로 느낌이나 의문을 자유롭게 말을 하면서 그림책을 감상하면 내용이 잘 이해되고 의미도 확대됩니다.

③ 등장인물에 대해 질문하면서 읽어주기

이 방법은 그림책을 읽어주며 "표정이 어떠니?", "기분이 어떨까?", "지금 ○○는 무슨 생각을 하고 있을까?", "너희가 ○○라면 어떻게 하겠니?"와 같은 질문을 하는 것입니다. 주로 등장인물의 심정에 관해 질문하고, 아이들은 대답합니다. 그림책 읽어주기는 아이와 대화를 할 수 좋은 기회를 제공합니다.

이때 사용하는 질문은 대답이 어렵거나 깊은 사고력을 요구하는 것은 피하는 것이 좋습니다. 단답형이거나 선택형으로 답할 수 있는 질문이 듣는 이의 집중에 도움을 줍니다. 이 방법은 그림책을 읽어주기 전에 어느 시점에서 어떤 식으로 질문하는 것이 적절한지 계획하고, 실제 읽어주는 상황에서는 적용할 수 있는 순발력도 필요합니다.

④ 내용과 관련된 지식과 경험을 함께 나누며 읽어주기

그림책 내용과 관련한 지식이나 경험을 함께 나누며 그림책을 읽어주는 방법입니다. 아이들은 책을 읽다가 자기가 알고 있는 지식이나 경험이 나오면 그것을 자랑하려고 합니다. 아이들이 지식과 경험을 말하는 것이 그림책 감상에 방해가 되지 않을까 염려되었으나, 오히려 반대로 말하고 싶은 욕구를 억압하는 것이 읽기를 방해했습니다.

책을 읽어주다 보면 아이들은 "우리 아빠도 그래.", "우리 엄마도 허리 아픈데." 하면서 대화에 동참합니다. 너무 길지 않게 대화 시간을 안배하며 책을 읽어주면 읽어주는 이와 듣는 이 간의 관계가 더욱 증진됩니다. 아이들은 그림책 읽기를 통해 자기 생각과 느낌을 표현하면서 주변 사람들과 관계를 형성하는 능동적인 의사 소통자입니다.

관계 중심 읽어주기 방법

(1) 듣는 이의 이름을 넣어 읽어주기
(2) 느낌이나 의문 자유롭게 말하며 읽어주기
(3) 등장인물에 대해 질문하면서 읽어주기
(4) 내용과 관련된 지식과 경험을 함께 나누며 읽어주기

지금까지 그림책 읽어주기 방법을 설명했습니다. 이 중에는 이미 여러분이 활용하고 있는 방법들도 있을 것입니다. 실천하고 있는 방법은 '내가 그림책 읽어주기를 잘하고 있구나.' 하며 본인을 칭찬해 주세요. 그림책 읽어주기 26

가지의 방법을 칭찬의 기준으로 삼아도 좋습니다. 여기에 본인이 새롭게 알게 된 방법은 적용하면 됩니다. 더 나은 그림책 읽어주기 방법은 얼마든지 있습니다. 서로 나누며 공유하면서 그림책 읽어주기 시간이 더욱 즐겁기를 바랍니다.

5. 그림책을 읽어줄 때 유의할 점

가정에서 자녀에게 책을 읽어주는 부모가 늘어나고 있습니다. 그런데 아이가 글자를 익히면 더는 읽어줄 필요 없다고 생각하는 부모가 많습니다. 아이가 글자를 익혔더라도 읽어주십시오. 교사나 부모가 읽어주는 그림책은 아이가 혼자 읽을 때보다 이해와 감동이 다릅니다.

그림책 읽어주기는 '그림책', '듣는 사람', '읽어주는 사람'의 관계 속에서 이뤄집니다. 읽어주는 사람은 '듣는 사람과 읽어주는 사람', '듣는 사람과 듣는 사람', '듣는 사람과 그림책' 간의 가교역할을 합니다.

그림책을 읽어줄 때 당사자는 글과 그림을 동시에 읽는 것은 불가능하지만, 아이들은 가능합니다. 귀로는 내용을 들으면서 눈으로는 그림을 봅니다. 읽어주는 사람은 글과 그림 중 어느 텍스트를 먼저

읽어야 할지 고민해야 합니다. 아이들의 반응을 살피며 글을 먼저 읽어줄 수도 있고, 그림을 먼저 읽어줄 수도 있습니다. 그림책 읽어주기를 연구한 사이프(Sipe)는 책을 읽어주는 교사는 렌즈고, 유아는 렌즈를 통해 이야기를 본다고 말합니다. 아이들이 그림책을 감상하는 것은 이야기 자체보다 이야기를 읽어준 사람 덕분이라고 합니다(『유아교사의 그림책 읽어주기: 유아의 문학적 이해 및 문학교육』, 창지사, 2011). 사이프는 그림책 감상에서 글 작가나 그림 작가보다 읽어주는 사람을 더 중요하게 여깁니다.

실제로 그림책 읽기에서는 읽어주는 사람의 역할이 중요합니다. 읽어주는 사람은 그림책의 독자인 동시에 듣는 사람을 살피는 관찰자이기도 하고, 듣는 사람의 이해를 돕는 조력자이기도 합니다. 기존의 이해를 재구성하도록 도와주면서 사고를 확장하는 역할을 하기도 합니다. 이런 많은 역할을 하기에 그림책 읽어주기는 어렵습니다.

그렇다고 너무 걱정하지 마세요. 읽어달라고 그림책을 골라온 아이를 믿으세요. 여러분의 손에 쥔 그림책을 믿으세요. 이야기의 논리에 매달리지도 말고 주제를 의식할 필요도 없습니다. 읽어주는 사람이 즐겁게 읽어주면 듣는 사람이 알아서 취할 건 취하고 버릴 건 버립니다. 그림책을 읽어주는 시간이 부모와 아이 모두에게 즐거운 시간이기를 바랍니다.

"읽어주는 사람은 그림책의 독자인 동시에
듣는 사람을 살피는 관찰자이기도 하고,
듣는 사람의 이해를 돕는 조력자이기도 합니다."

Ⅱ. 그림책을 읽어요

1. 그림책으로 놀아요

그림책은 장난감

다다 히로시 글·그림, 『사과가 쿵!』(보림, 1996)

『사과가 쿵!』은 『달님 안녕』(한림, 2001)과 더불어 대표적인 영아 그림책입니다. 이 책은 숲속에 떨어진 커다란 사과를 동물들이 나눠 먹는 단순한 이야기입니다. 글은 사과를 먹는 모습과 그 소리를 흉내 내는 의성어와 의태어로 이루어져 있습니다. 의성어와 의태어뿐인 이 그림책을 재밌게 읽어주는 방법을 설명해 보겠습니다.

먼저 의성어와 의태어를 동작으로 표현하는 것입니다. '사각사각', '와사삭와사삭' 같은 단어들을 읽어줄 때 손동작을 크고 작게 표현해 보세요. 사각사각은 손가락으로 작게, 와사삭와사삭은 두 손으로 크게 모양을 만들어 위에서 아래로 내리면서 읽어주세요.

다음으로는 특정 그림을 찾아가며 읽어주세요. 페이지마다 두더지가 있는 위치가 모두 다릅니다. 두더지를 찾아가며 읽으면 숨은그림찾기를 하는 듯한 재미를 느낄 수 있습니다. 사과를 배불리 먹어 볼록해진 동물의 배도 확인해 보세요. 볼록한 동물의 그림에 손을 짚으며 "악어 배도 볼록, ○○ 배도 볼록."과 같이 아이 이름을 넣어 읽어주면 아이들이 무척 즐거워합니다.

그림책의 이야기를 노래로 만들어 보는 것도 좋은 방법입니다. 갑자기 내린 비에 동물들은 우산도 비옷도 없습니다. 비를 피할 곳은 오직 커다란 사과뿐입니다. 동물들이 사과 안으로 피신한 장면에는 "하지만 걱정 없어요."라는 문장만 있습니다. 이 부분을 노래로 만들어 불러 보세요. 저는 백창우의「비 오는 날」(『맨날맨날 우리만 자래』, 보리, 2003)에 가사를 바꿔 "사과가 우산 됐어요. 비를 피해요." 하고 노래를 불러주었습니다.

마지막으로 그림책의 물성을 활용해서 읽어주십시오. 비가 내리는 장면에서 표지를 두드려 비 오는 소리를 들려주세요. 동물들이 우산 속으로 비를 피한 마지막 장면을 다 읽고는, "사과가 우산이 됐네, 우리도 우산 써 볼까?" 하면서 그림책을 펼쳐 아이의 머리 위에 우산처럼 씌워주며 읽어줄 수도 있습니다. 그런 다음 "엄마랑 ○○랑 우산을 같이 썼네." 하고 아이와 서로 얼굴을 가까이해주세요. 사과도, 그림책도 우산이 되는 색다른 경험을 할 수 있습니다.

『사과가 쿵!』은 이처럼 여러 가지 방법으로 감상할 수 있습니다. 우리 말의 리듬을 느낄 수 있고, 말이 서투른 아이도 그림에 손을 짚으며 능동적인 독서를 할 수 있습니다. 엄마가 다정한 목소리로 책을 읽어주고 노래를 부르는 것도 즐거운데, 책이 구체적인 놀잇감도 되니 아이는 얼마나 즐거울까요? 우리 아이를 말 잘하는 아이, 책을 좋아하는 아이로 키우고 싶으시죠? 책과의 첫 만남을 즐거운 놀이로 시작해 보세요.

책으로 집을 지어요

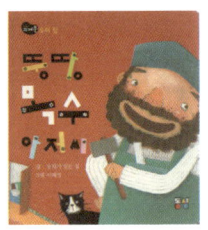

이송은 글, 이혜영 그림, 『뚱땅목수 아저씨』(동심, 2008)

혼자 서기 시작한 어린아이는 몸의 균형을 잡기가 힘듭니다. 서너 발짝을 떼고는 넘어집니다. 손의 힘을 조절하는 능력이 부족해 책을 찢기도 합니다. 그래서 어린아이용 책은 단단한 종이로 만들어진 경우가 많습니다. 이런 보드 북(Board Book)은 책장을 넘기기가 수월합니다. 한 장을 넘기면 또 한 장이 따라옵니다.

한 어린아이가 보드 북을 넘기는 재미에 빠져 있습니다. 책은 보지 않고 책장 넘기는 행동만 합니다. 그런 아이의 모습을 엄마가 걱정스럽게 바라봅니다. 엄마는 왜 아이가 걱정될까요? 우리에게는 책 읽기에 대한 그릇된 고정관념이 있습니다. 책을 읽는다는 것은 글자를 읽는 것이고, 처음부터 순서대로 읽어야 합니다. 책에 낙서해서도 안 됩니다. 왜냐하면 동생에게 물려줘야 하기 때문입니다. 이처럼 책을 귀하고, 소중한 물건으로 다루어야 한다는 생각이 있습니다. 이런 고정관념으로 엄마는 책장을 넘기기만 하는 아이의 행동을 걱정하고 있는 것입니다.

서너 살 된 어린아이는 우선 책이라는 사물과 친해져야 합니다. 글자를 읽는 것이 우선이 아닙니다. 책을 좋아하려면 어려서부터 책에 익숙해지고, 언제든지 자유롭게 다룰 수 있어야 합니다. 책을 함부로 대하지 않으면서 장난감처럼 갖고 놀 수 있어야 합니다.

보드 북은 집짓기 놀이를 하기에 적합합니다. 보드 북으로 아이와 튼튼한 집을 지어보십시오. 책 세 권이면 집 한 채가 뚝딱 지어집니다. 평수도 넓혀 보고, 고층으로도 집을 지어보세요. 집짓기 놀이를 하다 아이가 지칠 무렵이면 그림책 『뚱땅목수 아저씨』를 읽어주십시오. 아이는 금방 책 속으로 풍덩 빠져들 것입니다.

『뚱땅목수 아저씨』는 집이 어떻게 만들어지고, 어떻게 구성되어 있는지를 알려줍니다. 플랩 북(Flap Book)과 보드 북(Board Book)의 형태를 모두 지니고 있어, 집이라는 공간을 이해하고, 여러 사물의 이름을 익히는 데도 도움이 됩니다. 집이 완성되는 마지막 페이지를 읽어준 다음에는 "짜잔, 이건 집이야." 하며 그림책을 펼쳐 지붕처럼 머리 위로 올립니다. 그러면 엄마와 아이가 함께 집 안에 있는 상황이 만들어지면서 이야기의 감동이 더욱 커집니다.

몸으로 읽어요

안나 클라라 티톨름 글·그림, 『두드려 보아요』(사계절, 2007)

『두드려 보아요』는 영아용 그림책으로 인기가 많습니다. 다양한 색깔과 모양, 여러 사물을 익힐 수 있는 책입니다. 저는 이 책이 『사과가 쿵!』처럼 말의 재미가 있는 것도 아니고, 『달님 안녕』처럼 이야기 구조를 갖춘 것도 아닌데 어째서 인기가 많은지 궁금했습니다. 그래서 36개월 미만 아이들에게 이 책을 읽어줄 때면 그들의 반응을 유심히 살펴보곤 했습니다.

『두드려 보아요』는 어린아이가 읽기에 집중할 수 있도록 만들어진 그림책입니다. 집을 소개하는 글을 읽고 책장을 넘기면 단순하게 처리된 글과 그림이 나옵니다. 왼쪽 페이지에는 하얀 바탕에 "파란 문이에요. 똑! 똑!"이라는 글이 보이고, 오른쪽 페이지는 전체가 문으로 이루어져 있습니다. 책을 읽어줄 때는 이 그림을 실제 문처럼 활용하면 좋습니다. 엄마가 아이 손을 잡고 문을 두드리거나, 아이 혼자서 두드리게 할 수도 있습니다. 그림책에는 파랑, 빨강, 초록, 노랑, 하양 모두 다섯 개의 문이 등장합니다. 각각의 문이 나올 때마다 같은 행동을 반복할 수 있습니다.

잘 알다시피 어린아이들은 집중력은 무척 짧습니다. 『두드려 보아요』는 어린아이들이 읽기에는 그리 짧은 분량이 아닙니다. 책을 읽어주다가 아이들의 집중력이 떨어질 만하면 문 그림이 나타납니다. 그때마다 아이와 함께 문 그림을 똑똑 두드리다 보면 다소 집중력이 부족한 아이들도 끝까지 포기하지 않고 다 읽을 수 있습니다.

한번은 이 책을 어린이집에 다니는 열 명 정도의 아이들에게 읽어준 적이 있었습니다. 제가 노란 문이 등장하는 장면을 읽어주고 있었을 때였습니다. 노란 문을 열고 들어가면 왼쪽 페이지에는 "누가 있어요? 난쟁이 아저씨!", 오른쪽 페이지에는 "화분에 물을 주고 있어요. 고양이는 밥을 먹고 있어요."라는 글이 있습니다. 저는 순서대로 왼쪽 페이지부터 글을 읽고 있었는데, 왠지 아이들이 제 목소리에 귀를 기울이지 않는다는 것이 느껴졌습니다. 처음엔 '난쟁이 아저씨'라는 낯선 단어 때문인가 싶었지만, 아니었습니다. 아이들은 제가 들려주는 내용보다 친숙한 고양이 그림에 더 큰 관심을 보였습니다. 이후, 저는 다른 모둠의 아이들에게 읽어줄 때 고양이가 나오는 장면을 먼저 살펴본 다음 난쟁이 아저씨가 나오는 부분을 나중에 읽어주었습니다. 그랬더니 아이들 눈빛이 한결 자연스러웠습니다. 그때부터 저는 노란 문을 열 때면 늘 고양이를 먼저 아이들에게 보여줍니다.

이처럼 36개월 미만의 아이들도 본인의 경험을 통해 그림책을 이해합니다. 이 책은 저에게 '어린아이들은 몸을 움직여 읽는 것을 좋아한다.', '어린아이도 본인의 경험으로 그림책을 이해한다.'라는 것을 알려주었습니다. 어린아이들은 온몸으로 독서를 합니다. 온몸으로 경험한 독서는 오래 기억되고, 온전히 자기 것이 됩니다.

눈도 읽고 손도 읽어요

도브로슬라브 폴, 『수리수리마수리 요걸까? 조걸까?』(재미마주, 2010)

갓난아기는 하루 중 자는 시간이 대부분입니다. 성장하면서 조금씩 시력이 좋아지고, 신체에도 많은 변화가 일어납니다. 그러던 어느 날, 누워만 있던 아기의 눈앞에 최초인 동시에 최고의 장난감이 나타납니다. 바로 자신의 손입니다. 손톱이 날카롭지 않다면, 아마도 세상에서 가장 안전하고 재미있는 장난감일 것입니다. 말랑말랑 감촉도 좋고, 온도도 알맞고, 크기도 아주 적당합니다.

아이들이 손을 움직여 숟가락을 쥐고, 컵에 물을 따르고, 문을 닫는 것과 같은 행동은 당연한 것이 아닙니다. 우선 행동하려는 의지가 있어야 하고, 눈과 손이 일치되어야 합니다. 그러려면 여러 근육의 발달이 함께 이루어져야 합니다. 어린아이가 스스로 손과 몸을 움직여 하나씩 어떤 성취를 보여줄 때마다 부모는 칭찬을 아끼지 말아야 합니다.

『수리수리마수리 요걸까? 조걸까?』는 아이들에게 자기 의지대로 손을 움직이고 물건을 조작하도록 도와줍니다. 이 책은 각 페이지에 나오는 그림을 단번에 알아보기 힘듭니다. 크루아상인지, 달인지 알쏭달쏭한 그림 위에 빗살무늬 필름지를 놓고 움직여보십시오. 요리조리 움직이다 보면 크루아상이 보였다가 달이 보였다가 합니다. 페이지마다 하나의 그림이 있는데 어떻게 두 개의 사물이 보일까요? 바로 눈앞에서 벌어지는 일인데도 신기하기만 합니다. 그림은 필름지의 움직임이 조금만 벗어나도 알아보기 힘듭니다. 그만큼 손의 힘 조절이 중요합니다.

일곱 살 된 아이가 손을 이용해 필름지를 이리저리 움직입니다. 초집중한 상태로 그림의 변화를 유심히 확인합니다. 이 그림책의 최고 매력은 이처럼 아이들이 자신의 손으로 직접 필름지를 움직여 그림을 맞추는 것입니다. 아이들에게 최초의 장난감인 자신의 손을 활용해 책을 보는 재미를 느끼게 해주십시오.

종이책의 무한 변신

클로드 부종 글·그림, 『아름다운 책』(비룡소, 2002)

책을 사면 먼저 손으로 표지를 쓱 훑어봅니다. 손바닥에 닿는 표지의 느낌은 책마다 다릅니다. 손끝으로 책을 만나고, 글과 그림으로 책을 또 만납니다. 페이지를 빨리 넘기기도 하고, 천천히 넘기기도 하면서 이야기 속으로 빠져듭니다.

『아름다운 책』의 주인공 토끼 형제도 책에 흠뻑 빠졌습니다. 형은 책을 처음 본 동생에게 책이 무엇인지 알려주고 읽어줍니다. 토끼 형제는 책에 빠져 늑대가 온 것도 모릅니다. 늑대는 토끼를 잡아먹으려고 와락 달려듭니다. 토끼 형제는 숨을 데도 없고, 싸울 무기도 없습니다. 가지고 있는 건 책 한 권뿐입니다. 형 토끼는 "책! 그렇지."하고는 책으로 늑대를 물리칩니다. 책 덕분에 토끼 형제는 목숨을 구합니다. 이를 본 동생은 책이라는 사물에 감탄합니다. 당장 하나 더 구해오자고 합니다. 그러자 형 토끼가 말합니다. "껍데기가 커다랗고 딱딱한 걸로, 속에는 재미있는 이야기가 가득한 걸로!"

토끼 형제가 어떻게 늑대를 물리쳤는지 궁금하시죠? 직접 종이책을 들고 한 번 읽어보세요. 그런 다음 토끼가 통쾌하게 늑대를 물리친 방법을 그 자리에서 흉내를 내 보기 바랍니다.

 다 읽고 나서 뒤표지를 보니, 책에는 신기한 것들이 가득하다는 내용의 글과 그림이 있습니다. 이를 참조하여 아이들과 그림책의 물리적 형태를 이용한 놀이를 해보면 어떨까요? 손유희의 '주먹 가위 보' 멜로디에 맞춰 "아름다운 책, 아름다운 책, 무엇이 될까? 무엇이 될까?" 하고 부르며 책을 다양한 형태로 변신시켜 봅니다. 냄비 받침으로 사용할 수도 있고, 컵라면 덮개로도 사용할 수 있습니다. 또 어떤 것들이 있을까요? 아마도 종이책의 다양한 변신에 그만 놀라게 될 것입니다.

 종이책을 읽은 뇌는 유연해진다는 연구 결과가 있습니다. 실제 같은 내용을 전자기기를 이용해 읽은 것보다 종이로 읽은 것이 기억력과 이해력, 응용력 등에서 더 우수하다고 합니다. (「長文, 종이로 읽을 때 기억 효과 두 배 SNS는 읽기 아닌 보기」, 《조선일보》, 2016. 03. 19). 종이책은 위험에 빠진 토끼 형제와 전자기기에 지나치게 노출된 우리도 구해줍니다. 기특한 종이책을 가만히 쓰다듬어봅니다.

꼭꼭 숨어라, 똥똥 찾아라

이호백 글·그림, 『도대체 그동안 무슨 일이 일어났을까?』(재미마주, 2000)

　지난여름 동네 공원에 토끼가 나타났습니다. 애완용으로 보이는 그 토끼는 공원을 찾은 사람들에게 즐거움을 주었습니다. 공원은 동물을 직접 체험하는 사파리가 되었습니다. 아이가 달려가면 토끼는 약을 올리는 듯 몇 걸음 달려가서는 꼭 멈춥니다. 아이와 토끼 사이에 '나 잡아봐라.' 놀이가 시작됩니다. 또한, 토끼는 모델 역할도 톡톡히 합니다. 토끼는 "이왕이면 예쁘게 찍어주세요." 하고 말하듯 가만히 풀을 뜯어 먹습니다. 마치 토끼가 사람을 다루는 것 같습니다. 저는 공원에 출몰한 그 토끼에 빠져 여름과 가을을 보냈습니다.

　여기 '꾀쟁이'라는 말이 잘 어울리는 토끼가 있습니다. 토끼는 식구들이 집을 비운 사이 베란다 문을 열고 들어와 집 안을 구석구석 돌아다닙니다. 자기 발보다 큰 롤러 블레이드를 신고 쌩쌩 타는 장면에서는 저도 덩달아 신이 납니다. 그런데 토끼는 발에 맞지도 않은 롤러 블레이드를 어떻게 신었을까요? 그림책으로 꼭 확인해 보세요. 아마도 토끼의 꾀에 크게 웃으실 겁니다. 실컷 놀고 나서 졸린 토끼는 침대에서 잠을 자고, 다음 날 아무 일도 없었다는 듯 베란다로 슬그머니 돌아갑니다. 집으로 돌아온 식구들은 집 안 구석구석 떨어진 토끼 똥을 발견하고 의아해합니다. 책의 이야기는 여기서 끝납니다.

  하지만 이 책의 진짜 여행은 이제부터 시작됩니다. 이번에는 그림에 집중해서 아이에게 책을 읽어주세요. 아이는 페이지마다 떨어진 토끼 똥을 찾으며, 책을 보는 또 다른 재미를 경험하게 될 것입니다. 그런 다음 토끼 똥 찾기를 우리 집에서도 해보세요. 아이에게 "토끼 똥이 우리 집에도 떨어졌어."하고는 미리 숨겨둔 토끼 똥을 찾아보게 합니다. 토끼 똥은 색종이나 클레이를 뭉쳐 준비합니다. 그림책의 감동과 놀이의 재미를 함께 맛볼 수 있습니다.

  갑자기 동네 공원에 나타난 토끼의 안부가 궁금해졌습니다. 추운 겨울을 나야 하는 토끼가 걱정입니다. 흰 눈 위에 떨어진 토끼 똥을 한번 보고 싶습니다. 우리가 살아가는 날들에 어려운 일이 어찌 없겠습니까? 맞지 않는 신발도 신어야 할 때가 있습니다. 여러분 모두 토끼 같은 꾀로 무사히 이겨내길 바랍니다.

찾고, 나누고, 정리하고

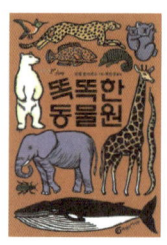

조엘 졸리베 글·그림, 『똑똑한 동물원』(바람의아이들, 2020)

　혹시 동물의 이름을 많이 아시나요? 얼마나 알고 있는지 확인하고 싶으면 『똑똑한 동물원』을 보세요. 이 그림책에는 자그마치 400마리나 되는 동물이 나옵니다. 이 동물은 모두 판화로 표현되었습니다. 모든 페이지에는 동물과 그들의 이름으로 채워졌습니다. 이야기가 없어 순서대로 볼 수도 있고, 아무 곳이나 펼쳐서 보아도 됩니다.

　비록 이야기는 없지만, 이 그림책은 그 나름의 기준으로 다양한 동물을 보여줍니다. 작가는 독특한 방식으로 동물들을 분류해 놓았습니다. 예를 들어 '엄청 크다. 엄청 작다.'라는 기준에는 큰 동물 네 마리와 작은 동물 27마리가 등장합니다. 아이들과 함께 어떤 기준으로 동물을 분류했는지 맞히기 놀이를 하면서 읽으면 무척 재미있습니다.

　한번은 이 그림책을 읽어주는데 한 아이가 "선생님, 저건 어디에 속하는 거예요?"라며 카멜레온을 가리킵니다. 제가 "어, 그래, 봤구나."라고 말하자, 아이는 "아까부터 있었어요."라고 말합니다. "처음부터 있었어."라고 말하는 아이도 있었습니다. 어느 분류기준에도 속하지 않는 카멜레온은 각기 색깔을 달리하고 있습니다. 제가 "우릴 헷갈리게 하고 싶은가 봐."라고 말하자, 아이들은 이전보다 더욱 책에 집중합니다. 분류기준도 찾고, 카멜레온도 찾는 아이들 눈빛이 반짝입니다. 이 책을 읽을 땐 "찾아라, 찾아라, 찾아라, 카멜레온 찾아라." 하고 노래를 불러 보세요. 어른 눈에는 동물의 모습이 다 비슷해 보이는데, 아이들은 카멜레온을 잘도 찾아냅니다.

  수학에는 연산뿐 아니라 분류도 포함됩니다. 여러분은 서랍장 정리를 잘하시나요? 양말은 양말끼리, 팬티는 팬티끼리 잘 분류해 놓으셨나요? 처음엔 잘했지만, 지금은 엉망이라고요? 그래서 수학은 오래도록 잘하기가 힘든가 봅니다. 뒤죽박죽인 냉장고도 분류를 잘하면 편하게 사용할 수 있을 텐데 생각처럼 쉽지 않습니다. 이 그림책으로 분류법을 연습해 봅시다. 400마리 동물을 어떻게 분류했는지 그 기발한 방법을 살펴보고, 이를 우리 생활에도 적용해 보면 어떨까요?

한글 왕, 받침 왕!

김유 글, 소복이 그림, 『마음버스』(천개의바람, 2022)

여러분은 어릴 적 받아쓰기 시험에서 좋은 점수를 받으셨나요? 혹시 받침 때문에 애를 먹지는 않았나요? 막 한글을 배우는 아이들은 '입니다'를 '임니다' 와 같이 소리 나는 대로 쓰거나, 글자를 거꾸로 쓰기도 합니다. 저는 지금도 몇몇 받침이 헷갈려 당황할 때가 있습니다. 생각처럼 한글이 쉽지 않습니다.

『마음버스』는 받침에 따라 글자가 달라진다는 내용을 담고 있습니다. 어느 날 곰 아저씨가 운행하는 마을버스에서 받침 'ㄹ'이 사라집니다. 그러자 '마으버스'가 됩니다. 아무리 찾아도 'ㄹ'은 보이지 않습니다. 곰 아저씨는 'ㄹ'이 빠진 자리가 허전해 작은 창틀을 달아줍니다. 그러자 '마음버스'가 됩니다. 이것만으로도 내용이 신선한데, 이 그림책은 창밖만 바라보던 손님들의 마음을 하나로 만듭니다.

이제 막 초등학교 3학년이 된 아이들과 이 그림책을 봤습니다. 제목을 본 아이들은 "마음버스? 처음 들어보는데." 하며 낯설어합니다. 아이들은 사라진 'ㄹ'을 각 페이지를 읽을 때마다 찾고 싶어 했습니다. 버스 광고판이 그려진 페이지에서는 아이들이 그림을 다 확인할 때까지 기다려야 했습니다. 그림책 읽기를 마치고 아이들은 자음의 순서를 알아보고, 버스에 탄 손님의 수도 세어봤습니다.

  저는 미리 준비해 간 제 이름과 아이들의 이름, 아이들 엄마의 이름을 보여주었습니다. 그런 다음 제 이름의 받침을 가위로 잘라냈습니다. 아이들은 '전진영'이 '저지여'가 된 것을 보고 까르르 웃었습니다. 자기 이름의 받침도 잘라내고 달라진 이름에 웃기도 하고, 친구 이름의 받침을 본인 이름에 대고 읽어보면서 웃기도 했습니다. 이름에 받침이 많이 들어간 친구는 받침 왕이 되었습니다. 새로운 받침이 있었으면 하더니 'ㅁ'을 'ㅂ'으로, 'ㄱ'은 'ㅋ'으로 획을 추가하고는 또 웃습니다. 정말 재미있었습니다.

  마을버스에서 'ㄹ'이 사라진 것처럼 이 책의 앞표지에는 글 작가와 그림 작가 이름이 사라졌습니다. 숨은그림찾기 하듯 사라진 이름을 찾아보세요. 『마음버스』는 받침이 달라지면 다른 글자가 된다는 것을 알려줄 뿐만 아니라, 버스 의자의 등받이 광고판에 적힌 글자를 소리 내어 읽게 함으로써 아이들이 한글을 자연스럽게 익히도록 안내하고 있습니다.

제목을 맞춰요

김용택 시, 정순희 그림, 『나비가 날아간다』(미세기, 2001)

저는 동시를 좋아합니다. 지금은 시 전문 출판사도 있지만 첫째 아이가 어릴 때는 '시 그림책'을 만나기가 쉽지 않았습니다. 20년 전, 동시 그림책을 만나고는 반가운 마음에 아이에게 읽어주었습니다.

『나비가 날아간다』는 김용택 시인의 동시로 만들어졌습니다. 이 책은 계절 순으로 총 15편의 동시가 실려 있습니다. 각각의 동시는 작품의 배경에 어울리는 그림이 양쪽 페이지에 그려져 있습니다. 시 그림책은 글의 분량이 많은 책보다 읽어주기가 훨씬 수월했습니다.

이 책을 아이에게 여러 번 반복해서 읽어주던 어느 날, '혹시 아이가 지루하지 않을까?' '더 재미나게 읽어줄 수 없을까?' 하는 생각이 들어 한참을 고민했습니다. 아이가 아직 글자를 모르는데도 제목을 손가락으로 가리고 읽어주었습니다. 그리고 동시를 다 읽은 후 '제목 맞추기' 놀이를 했습니다. 그랬더니 아이가 무척 재미있어했습니다.

그 아이가 나비처럼 훨훨 날아 초등학생이 되었습니다. 어느 날 부엌에서 설거지를 하고 있는데, 아이가 느닷없이 "엄마, 맞춰 봐."하는 겁니다. "어? 뭘?"

당황한 표정으로 아이를 바라보자, 아이의 양손에는 『나비가 날아간다』가 들려있었습니다. 이번에는 아이가 동시를 읽고, 제가 동시 제목을 맞추는 놀이가 시작되었습니다. 저는 번번이 틀렸고 아이는 "땡", "땡" 하며 즐거워했습니다. "아니, 엄마, 두 글자야.", "비슷해. 좀 더 해 봐." 제가 오래전에 읽어 준 시 그림책을 들고 엄마에게 역으로 놀이를 제안한 딸이 대견했습니다.

  봄이 되면 도서관 수업에서 아이들에게 동시 「벚꽃」을 읽어줍니다. 지금도 이 동시를 외운 네 살 아이를 잊을 수 없습니다. 그 아이는 친구들과 엄마들 앞에서 동시를 또박또박 낭송했습니다. 많은 사람 앞에서 동시를 낭송한 경험은 아이에게 어떤 의미가 있을까요? 아이에게 말하는 자신감을 심어주기에 충분합니다. 여러분도 동시 「벚꽃」을 외워보세요. 짧고 쉬운 동시 한 편이 여러분에게 자신감을 심어줄 것입니다.

이야기를 지어요

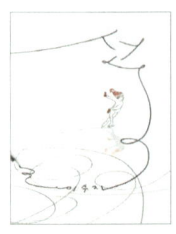

이수지 지은이, 『선』(비룡소, 2017)

겨울이면 썰매나 스케이트를 타고 싶어집니다. 김연아 선수처럼 스케이트를 타고 빙판 위를 씽씽 달려보고, 공중으로 맘껏 점프도 하고 싶습니다. 그럴 때마다 생각나는 그림책이 『선』입니다.

『선』의 앞표지 그림은 빙판입니다. 이 빙판은 재질이 다른 두 종이로 이루어져 있습니다. 윤기가 나고 매끄러운 종이는 조명 역할을 하며 주인공을 비추고 있습니다. 또 스케이트 날이 지나가면서 생긴 선과 제목 글자는 손끝으로 느낄 수 있도록 입체감을 주었습니다. 글 없이 그저 선과 두 가지 색으로만 이루어졌음에도 현실과 환상을 자연스레 넘나들고 있습니다.

하얀 얼음판 위에서 주인공인 여자아이가 혼자 스케이트를 탑니다. 그동안 수많은 착지를 연습했지만, 결과는 늘 "콰당!"입니다. 연속된 실패에 주인공은 마음이 구겨집니다. 그런데 이 마음을 알아주는 친구들이 있습니다. 용기를 얻은 주인공은 친구들과 함께 얼음판 위에서 신나게 스케이트를 탑니다. 주인공이 어디에 있는지 찾아보세요.

글이 없는 그림책은 아이들에게 어떻게 읽어주면 좋을까요? 대화하듯 읽어주면서 되도록 아이가 더 많은 말을 하도록 이끌어주면 좋습니다. "스케이트 어떤 자세로 타?", "어떻게 타야 쓰러지지 않지?", "스케이트 탈 땐 어떤 소리가 날까?" 같이 물어보세요. 아이의 쫑알거림이 많을수록 재미있습니다. 혼자 스케이트 타는 주인공이 어떤 말을 할지 한번 물어보세요.

  또 스케이트 타는 동작을 흉내 내면서 읽어주어도 좋습니다. 공간이 좁거나 몸을 움직이기 어려운 상황이면 손가락으로 스케이트를 타보세요. 아이가 손가락 스케이트를 타는 동안 엄마가 리듬을 넣어주세요. 반대로 엄마가 손가락 스케이트를 타고 아이가 리듬을 흥얼거릴 수도 있습니다. 한창 달리다 보면 선이 더욱 촘촘해지고, 어느덧 얼음판을 가득 채웁니다. 빼곡한 선이 면으로 변합니다. 손가락이 지나간 자리마다 이야기로 채워집니다.

Ⅱ. 그림책을 읽어요

2. 마음이 자라요

보이지 않아도 믿는 힘

하야시 아키코 글 · 그림, 『달님 안녕』(한림출판사, 2001)

저는 영아 그림책 중에서 『달님 안녕』을 단연 으뜸으로 꼽습니다. 모든 아이가 이 그림책을 읽고 자라기를 바랍니다. 하지만 이 책을 처음 만났을 땐 내용이 너무 단순해서 실망했습니다. 그 당시 저는 영아용 그림책에서 무얼 기대했던 걸까요? 그로부터 한참 지난 후에 그림책과 영아에 대한 이해가 많이 부족했다는 걸 깨달았습니다.

『달님 안녕』이 지닌 매력은 과연 무엇일까요? 이 책은 밤하늘에 달님이 떠오르고, 구름에 가려졌다가 다시 나타나는 이야기입니다. 글과 그림은 아주 간결하고 단순하지만, 아이들의 눈과 마음을 끌어당기는 묘한 힘을 지니고 있습니다.

이 책의 앞표지와 뒤표지는 동그란 달님 얼굴로 그려져 있습니다. 앞표지에는 눈을 감고 있는 달님이, 뒤표지에는 혀를 내밀고 있는 달님이 있습니다. 오래전, 돌 지난 아이에게 이 그림책을 읽어주며 앞표지와 뒤표지의 달님 얼굴을 흉내 낸 적이 있습니다. 아이 웃음이 끊이질 않았습니다. 그 경험으로 저는 앞표지와 뒤표지의 달님 얼굴을 이용해 놀이를 만들었습니다. 지금도 어린 아이들은 동그란 달님 얼굴 찾기 놀이를 무척 즐거워합니다.

　이 책은 달님의 얼굴 못지않게 고양이 그림도 인상적입니다. 고양이는 검은 실루엣으로 단순하게 표현했습니다. 구름 아저씨가 달님을 완전히 가린 장면에서 고양이의 모습을 자세히 봐주세요. 작가인 하야시 아키코는 달님이 사라진 후 놀란 고양이의 모습을 눈, 코, 입 하나 없이 실루엣으로만 표현했습니다. 작가는 놀란 고양이의 모습을 어떻게 표현했을까요? 그림책을 통해 직접 확인해 보기 바랍니다.

　이 책에는 또 하나 놓쳐서는 안 되는 중요한 그림이 있습니다. 마지막 페이지의 아이와 엄마입니다. 달님이 다시 나타나 기뻐하는 고양이의 모습으로 이야기를 마무리해도 되는데, 작가는 굳이 손잡고 있는 엄마와 아이를 더 그려 놓았습니다. 그 장면 속 아이의 그림에 손을 짚으며 가만히 아이의 이름을 불러주세요. "이건 ○○이고, 이건 엄마야." 한 번쯤 엄마와 함께 밤하늘의 달을 본 경험이 있는 아이라면 그때의 경험이 더해져 책보는 즐거움이 배가될 것입니다.

　마지막으로 이 책에서 빼놓을 수 없는 것은 눈에 보이지 않는 것에 대한 믿음입니다. 이 책에서는 구름 아저씨가 우리의 두 손이 되어 까꿍 놀이를 대신하고 있습니다. 비록 단순해 보이지만 이 책의 이야기 안에는 '대상영속성' 개념이 들어있습니다. 달님이 구름에 가려 보이지 않지만, 사라진 것이 아니라 구름 뒤에 있다는 것을 알려줍니다. 지금은 내 눈에 보이지 않아도 어딘가에 반드시 존재한다는 것을 알려주고 있습니다.

　그런데 이 개념이 왜 중요할까요? 비록 눈앞에 보이지 않아도 존재한다는 것을 아는 것은 마음의 힘입니다. 보이지 않는 사람이나 물체의 이미지를 생각 속에 간직하고 있어야 하는 심적 표상입니다. 이 힘이 단단한 아이들은 초등학교에 입학해서도 '엄마는 날 기다리고 있어.'라는 믿음으로 학교에서 편안하게 지낼 수 있습니다. 또 눈에 보이지 않아도 존재한다고 믿는 힘은 살아가는 데 중요합니다. 타인이 자기에게 베푸는 배려나 신뢰, 사랑 등을 느끼고 감사할 줄 아는 힘은 꼭 필요합니다.

"눈에 보이지 않아도 존재한다고 믿는 힘은
살아가는 데 중요합니다.
타인이 자기에게 베푸는 배려나 신뢰, 사랑 등을
느끼고 감사할 줄 아는 힘은 꼭 필요합니다."

첫째 아이의 질투

셜리 휴즈 글·그림, 『앨피가 일등이에요』(보림, 2019)

아이와 외출하고 집으로 돌아갈 때면 아이는 먼저 달려갑니다. 엘리베이터로, 현관문으로 쏜살같이 뛰어갑니다. 문을 열지 못해 집 안으로 들어가려면 어차피 엄마를 기다려야 하는데도 말입니다.

그림책 『앨피가 일등이에요』의 주인공도 마찬가지입니다. 엄마가 열쇠로 현관문을 열자마자 앨피는 집으로 들어가 "내가 일등!" 하고 외칩니다. 돌아보니 엄마가 동생을 안아 올리고 있습니다. 이를 본 앨피는 문을 '쾅!' 닫아버립니다. 그런데 어쩌죠? 엄마는 밖에 있고, 열쇠가 들은 장바구니는 집 안에 있습니다. 문을 열어야 하는데 키가 작은 앨피의 손은 손잡이에 닿지 않습니다. 갑작스러운 난관에 해결책도 떠오르지 않습니다.

이 장면에서 앨피는 왜 문을 닫았을까요? 저는 이 점에 관해 생각해 보았으면 합니다. 앨피는 엄마가 들어오지 않았는데 문을 닫아버렸습니다. 열어둔 현관문이 저절로 닫히게 이야기를 전개해도 아무 지장이 없습니다. 하지만 앨피는 스스로 문을 닫았고, 그런 앨피의 모습에는 강한 힘이 담겨있습니다. 아마도 일등의 기쁨을 계속 느끼고 싶었던 것은 아닐까요?

　여기에 또 다른 이유가 있습니다. 앨피는 동생을 시샘합니다. 일등으로 집에 들어온 앨피가 뒤돌아보니 엄마가 동생을 안아 올리고 있습니다. 일등도 좋지만, 엄마가 안아주는 것은 더욱 좋습니다. 앨피는 엄마 품에 안긴 동생이 얄밉습니다. 앨피는 스스로 문을 닫아버린 것입니다. 작가에게 반하는 부분입니다.

　집 안에서 넋 놓고 울던 앨피는 스스로 문을 여는 방법을 찾아냅니다. 어떻게 문을 열 수 있었을까요? 이 부분 또한 중요합니다. 동생도 울고, 앨피도 울고, 시끄러운 소리에 동네 사람들이 모입니다. 이웃집 아주머니와 누나, 앨피가 가장 좋아하는 우유 배달 아저씨, 유리창 닦는 아저씨까지 나서서 앨피를 구해주려고 합니다. 집 안에서 혼자 있던 앨피는 자기를 걱정해 주는 사람들이 많다는 것을 느낍니다. 이에 힘을 얻은 앨피는 문 여는 방법을 찾아내고 당당히 문을 엽니다.

　동네 사람들의 관심과 애정을 듬뿍 받은 앨피는 그들에게 답례합니다. 모두 집으로 들어오도록 문을 활짝 열고, 함께 차를 마십니다. 우유 배달 아저씨는 앨피가 앉은 의자에 기대어 있습니다. 앨피가 동생에게 부린 시샘은 동네 사람들의 관심과 애정으로 풀립니다. 앨피처럼 우린 서로의 관심과 애정에 기대어 살아갑니다. 모두가 일등입니다.

부정과 긍정

이정록 글, 오리 그림, 『아니야!』(문학동네, 2021)

  어른들은 아이가 말을 잘 들을 때 '착하다'라고 말합니다. 그런데 '말을 잘 듣는다.'라는 것은 어떤 의미일까요? 보통은 어른이 정한 기준이나 범위 안에서 아이가 행동할 때 그렇게 말합니다.
  아이들은 스스로 무언가 하고자 할 때 종종 "내가! 내가!"라고 합니다. 이와 더불어 자기 의견이나 주장을 내세울 때 하는 말이 바로 "아니야!"입니다. 아이를 키우다 보면 아이가 '내가, 내가!' 하면서 자기가 스스로 하겠다고 나설 때가 있습니다. 음식은 다 흘리고, 방은 어지럽히기 일쑤고, 옷 입는 시간도 오래 걸립니다. 그것을 보는 어른들은 답답합니다. "엄마가 해 줄게." 해도 "아니야!" 하며 고집을 부립니다. 하지만 그럴수록 더욱 아이를 지지해 주세요. 어른들의 눈엔 많이 모자라지만, 아이들은 실수하고, 넘어지면서 배웁니다. 그리고 더욱 단단해집니다.
  저는 '아니야!'를 외치는 아이들이 많았으면 합니다. 어른이 정해놓은 잣대에 맞추어 살기보단 자기 생각과 주장이 있는 아이들이 많아졌으면 좋겠습니다. 아이가 '아니야!'를 말할 즈음 이 책을 읽어주세요. 커다랗고 단단한 세상으로 나아가는 시작입니다.

  이 책을 읽은 뒤 '아니야!' 놀이도 해 보세요. 아이에게 '나만의 아니야.'를 말해 보도록 해보세요. '연필은 공부만 하라고 있는 게 아니야.', '밥 차리라고 엄마가 있는 게 아니야.'와 같이 한 줄 두 줄 적어보면 한 편의 시가 됩니다. 이 책의 시작도 동시집 『콧구멍만 바쁘다』(창비, 2009)에 실린 「아니다」라는 작품입니다. 우리 아이들의 외침을 응원해 주세요. 이정록 작가의 말처럼 "아니야!"라는 뿔난 말이 '그래'라는 둥근 세상을 만듭니다.

당차게 말해요

모리스 샌닥 글·그림, 『괴물들이 사는 나라』(시공주니어, 2002)

저는 매일 밤, 잠들기 전에 아이에게 그림책을 읽어주었습니다. 책 선택은 항상 아이에게 맡겼습니다. 아이가 『괴물들이 사는 나라』를 고른 날에는 '얘가 오늘 나한테 억울한 일이 있었나?' 하고 마음이 뜨끔했습니다.

아이들도 한 살 한 살 나이를 먹으며 세상을 바라보는 눈이 생기고 나름의 시각을 갖게 됩니다. 이와 더불어 자기가 어른보다 약자일 수밖에 없다는 것도 알게 됩니다. 체력이든 경제력이든 말입니다. 험한 세상에서 부모는 나를 보호해 주는 든든한 방패라는 것을 알기에 부모로부터 부낭한 일을 당해도 함부로 덤비지 못합니다. 부모에게 덤비면 많은 불이익을 당한다는 것을 압니다.

이처럼 아이들은 부당하고 속상하다고 판단되어도 참고 살아가는데 『괴물들이 사는 나라』의 주인공 맥스는 다릅니다. 엄마에게 야단맞자 "내가 엄마를 잡아먹어 버릴 거야." 하고 소리칩니다. 이것이 맥스가 아이들에게 인기 있는 이유입니다. 엄마를 잡아먹어 버리겠다니 얼마나 버르장머리 없는 말인가요? 이 말 때문에 아이들에게 『괴물들이 사는 나라』를 읽어주기가 꺼려진다는 엄마도 만났습니다. 하지만 아이 입장에서 바라보세요. 맥스는 우리 아이들을 대신해서 속상함과 억울함을 풀어주고 있습니다. 저는 아직 맥스만큼 통 크게 어른에게 덤비는 그림책의 주인공을 만나지 못했습니다.

전 세계 아이들이 1964년에 태어난 맥스를 지금도 만나고 있습니다. 오바마 대통령은 임기 중 어린이날 행사에서 줄기차게 『괴물들이 사는 나라』를 읽어주었습니다. 괴물 나라의 왕, 맥스의 당찬 매력을 우리 아이들에게도 만날 기회를 주십시오. 어른의 말을 잘 듣는 아이일수록 맥스를 더 좋아할 겁니다.

무서운 세상으로 한 발짝

토미 웅거러 글·그림, 『제랄다와 거인』(비룡소, 1996)

 전쟁을 다룬 그림책『곰 인형 오토』를 보고 작가 토미 웅거러에게 반했습니다. 다른 작품을 찾아 읽고 더욱 놀랐습니다. 이 작가는 아이들이 즐겨보는 그림책에 강도를 주인공으로 등장시키고, 사람 잡아먹는 거인까지 거리낌 없이 내세웁니다.
 『제랄다와 거인』의 앞표지에는 거인이 커다란 칼을 단단히 거머쥐고 있습니다. 심지어 첫 페이지에 그려진 칼에는 피가 묻어있습니다. 거인은 가장 맛있는 건 아침밥으로 어린아이를 먹는 것이라고 말합니다. 사실 저는 처음에는 이 그림책을 아이에게 읽어주고 싶지 않았습니다.
 첫째가 유치원 다닐 때 담임선생님이 제게 『제랄다와 거인』이 있는지를 물으셨습니다. 제가 "선생님, 그 책 사지 않았어요. 내용이 너무 섬뜩해서요."라고 말하자, 선생님은 "그렇죠. 근데 아이들은 좋아합니다."라고 말했습니다. 작가 토미 웅거러를 좋아하지만, 『제랄다와 거인』을 이해하기까지는 시간이 꽤 걸렸습니다.
 아이가 무서운 이야기를 듣고 세상을 더 무서워하면 어쩌나 하는 우려가 있

없습니다. 이런 제 마음을 씻겨준 것은 『그림책으로 읽는 아이들 마음』(창비, 2015)입니다. 이 책의 저자인 서천석은 무서운 세상이 꼭 나를 향한 것이 아니라는 걸 아이들은 깨달아야 한다고 말합니다. 또 아이들 마음에는 거인처럼 강하기를 원할 때도 있고, 제랄다처럼 착하기를 원할 때가 있기에 이 책을 읽어야 한다고 합니다.

이 그림책은 해피엔딩으로 끝나는가 싶었는데, 석연찮은 그림이 마지막 부분에 등장합니다. 제랄다와 거인은 엄마, 아빠가 됩니다. 그들은 갓난아기를 사랑스럽게 바라봅니다. 먼저 태어난 형제들도 동생을 바라봅니다. 그중 한 명이 위협적인 모습으로 칼과 포크를 숨기고 있습니다. 토미 웅거러는 이처럼 엄마, 아빠의 사랑을 빼앗긴 손위 형제의 마음도 그려 놓았습니다.

세상은 사람 잡아먹는 거인으로 가득합니다. 가까운 손위 형제도 믿기 힘듭니다. 부모라는 온실도 허점투성이입니다. 홀로 무서운 세상에 부딪혀야 합니다. 하지만 도와주는 누군가는 반드시 있습니다. 험악한 거인을 변화시킨 '제랄다'처럼 말입니다. 세상이 위험하다는 것을 인정할수록 더욱 이 책을 읽어야 합니다.

다양한 나

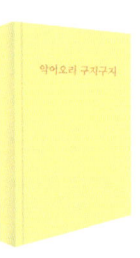

천즈위엔 글·그림, 『악어오리 구지구지』(예림당, 2024)

『악어오리 구지구지』는 정체성에 관한 그림책입니다. 어느 날 커다란 알 하나가 오리 둥지로 굴러옵니다. 엄마 오리가 알을 품고 보니 악어가 나옵니다. 엄마 오리는 악어든 오리든 똑같이 키웁니다.

오리들과 함께 자란 주인공 구지구지는 어느 날 악어를 만납니다. 악어들은 구지구지에게 "넌 우리랑 똑같은 악어야!"라고 말합니다. "내가 악어라니!" 자기가 오리인 줄 알고 살았던 구지구지는 얼마나 놀랐을까요? 악어의 말을 듣고 고민에 빠진 구지구지는 내가 누구인지에 대한 명쾌한 답을 찾아냅니다. 물에 비친 모습을 바라보며 구지구지는 "난 악어오리야!"라고 인정합니다. 저는 구지구지가 악어도 되고, 오리도 된다고 자신의 정체성을 인정하는 이 장면이 인상적으로 다가왔습니다.

구지구지에게 자신이 오리가 아니고 악어라는 사실은 아마도 어마어마한 충격이었을 것입니다. 지금껏 부모라고 믿었던 사람이 친부모가 아니란 것을 알았을 때 어떤 심정일까요? 또 겉모습은 악어인데, 오리로 살고 싶은 마음은 얼마나 괴로울까요?

결혼하니 어느덧 저의 존재는 사라지고 없었습니다. 어느 집 며느리, 누구의 아내, 누구의 엄마가 되어 있었습니다. '나'는 어디로 갔는지 알 수가 없었습니다. 저는 악어도 되고, 오리도 된다고 말하는 구지구지가 부러웠습니다. 구지구지가 그 모두가 '나'라고 알려주는데도, 그것을 인정하기까지 오랜 시간이 걸렸습니다.

아직도 저는 어느 모임에서는 까탈스럽고, 어느 모임에서는 너그럽게 변하는 자신을 보며 한결같지 못해 괴로워합니다. 달라진 점이 있다면 상황과 장소에 따라 자신을 선택해 보려고 노력한다는 것입니다. 여러분 중에서도 아마 저와 비슷한 분이 계실 것입니다. 다양한 자신의 모습을 인정해 보세요. 그러면 자신에 대해 조금은 관대해질 수 있을 겁니다. 구지구지가 응원합니다.

나를 바라보는 힘

박밤 글·그림, 『방바닥으로 떨어진 머리카락이』(이집트, 2022)

머리카락이 빠져 속상합니다. 청소기를 돌린 지 얼마 안 되었는데, 그새 바닥에 머리카락이 또 떨어져 있습니다. 눈살을 찌푸립니다. 아끼던 머리카락이 내 몸에서 빠져나간 순간, 하찮은 것이 됩니다. 머리카락은 버려지는 일만 남았습니다. 사람의 머리에 붙어있을 땐 샴푸 향기도 맡을 수 있고, 정성 들인 빗질도 받을 수 있습니다. 하지만 머리에서 이탈하는 순간, 쓸모가 없습니다. 바닥에 떨어져서는 할 수 있는 것도 없습니다.

『방바닥으로 떨어진 머리카릭이』의 주인공 머리카락도 그러했습니다. 바닥에 떨어졌지만, 머리카락은 루시 곁에 있고 싶어 한 가닥 선으로 맴돕니다. 이리저리 움직이고, 여러 표정도 지어 봅니다. 웃는 머리카락을 드디어 루시가 알아봅니다. 머리카락은 기뻤지만, 그것도 잠시 창밖으로 버려집니다.

집 밖으로 나온 머리카락은 추수가 끝난 황금 들녘을 바라보며, 지푸라기와 낟알들이 들판을 떠난 것으로 이해합니다. 자신도 그들처럼 버려진 것이 아니라 떠날 때가 된 것으로 생각합니다. 그러자 모든 것이 달라집니다. 갑자기 웃음이 나와 머리카락은 한참을 웃습니다. 머리카락은 연줄, 전깃줄, 케이블 선,

해안선, 수평선 등을 바라봅니다. 줄과 선이 하는 일도 봅니다. 줄이 있어서 연은 하늘을 날고, 새들은 쉴 수 있고, 바다와 하늘이 만난다는 걸 알게 됩니다. 머리카락은 자기도 잘하는 것이 있다는 걸 깨닫습니다. 루시가 자신을 알아본 표정, 바로 '웃기'입니다. 아무것도 할 줄 아는 게 없었던 머리카락은 웃는 것을 잘할 수 있고, 잘하고 싶고, 마침내 해냅니다.

 살다 보면 자신이 하찮게 느껴질 때가 있습니다. 잘 되는 일보다 안 되는 일이 많습니다. 그럴 땐 자신을 바라보세요. 물론 일이 잘 풀리지 않을 때는 상황이 어떻게 진행되는지 알아차리기도 힘들고, 자신의 모습을 냉정하게 바라보기가 힘듭니다. 하지만 자신을 바라보는 힘이 생기면 우리의 주인공처럼 잘할 수 있는 게 무엇인지도 알게 됩니다. 한 발짝 물러서서 자신을 바라보세요. 머리카락 같은 실마리가 나타날 것입니다.

내 소원 100개

이선미 글·그림, 『진짜 내 소원』(글로연, 2020)

 자신에 대해 잘 아시나요? 가장 잘 알 것 같지만, 자신을 아는 것은 어렵습니다. 저는 '나'에 대해 쉬운 것부터 알아보기로 했습니다. 먼저 짜장면과 짬뽕 중 어느 것을 더 좋아하는지 알아보았습니다. 곰곰이 저의 성향을 파악한 끝에 짜장면을 선택했습니다. 그랬더니 중국 음식을 주문할 때 우유부단함이 사라졌습니다. 간혹 짜장면 대신 짬뽕을 주문하는 여유도 부렸습니다.
 다음으로 좋아하는 꽃도 알아보았습니다. 좋아하는 꽃은 여럿이라 하나만 선택하기가 어려웠습니다. 장미는 장미라 좋고, 수국은 수국이라 좋았습니다. 좋아하는 꽃을 정하지 못한 채 두어 해가 지났습니다. 더는 미루고 싶지 않아서 주변에 피는 꽃들을 찬찬히 살핀 후, 좋아하는 꽃으로 라일락을 선택했습니다. 그 뒤로 어디서 라일락 향기가 나면 그곳으로 달려가고 있었고, 동네에 라일락이 어디에 있는지 기억했다가 꽃이 피기를 기다렸습니다.
 좋아하는 게 많아 선택이 어려울 땐 반대로 싫어하는 것을 알아보기도 했습니다. 싫어하는 것이 파악되자 그 부분을 조절하거나 피할 줄 알게 되었고, 참는 힘도 조금씩 길러졌습니다.

지금도 저는 제가 진짜 원하는 소원을 찾고 있습니다. 하지만 진정으로 원하는 것이 무엇인지 모를 때가 많습니다. 그럴 때마다 그림책 『진짜 내 소원』을 펼칩니다. 앞표지를 넘기면 서른 개가 넘는 요술램프가 나타납니다. '요술램프를 왜 이렇게 많이 그렸지?' 궁금해하며 그림책을 읽다 보면 어느새 지니의 매력에 빠져듭니다. 지니는 주인공에게 엄마와 아빠의 소원이 아닌 진짜 자기의 소원을 찾도록 안내합니다. 소원을 정하지 못하는 주인공을 보면서 여전히 소원을 찾고 있는 저의 모습을 발견합니다. 제가 계속 소원을 찾는 이유는 주인공처럼 소원이 많아서였습니다. 주인공은 지니에게 100개나 되는 소원을 들어달라고 합니다. 우리가 주인공처럼 지니에게 100가지 소원을 부탁하려면 그에 앞서 100가지 소원을 간직하고 있어야 합니다. 지금부터 자신을 잘 관찰하세요.

지금도 저의 소원은 자꾸 변합니다. 우리가 지니에게 바라는 소원은 모두 다를 것입니다. 서로 다른 무늬의 요술램프가 그림책의 면지에 가득합니다. 진짜 내 소원을 들어줄 요술램프를 골라보며, 이 그림책을 읽어 보면 어떨까요?

마음의 맛

백희나 글·그림, 『알사탕』(스토리보울, 2024)

 백희나 작가의 그림책 출간을 기다리는 독자가 많습니다. 『알사탕』도 출간되자마자 크게 주목받았습니다. 저도 읽고 나서 아이들에게 빨리 읽어주고 싶었습니다. 이 책은 읽어주는 이와 듣는 이가 한 문장씩 주고받으며 읽기가 가능하고, 다 읽은 후 아이들과 속마음을 얘기하기도 좋은 책이었습니다.
 그런데 이 책에서 읽어주기 곤란한 부분이 한 군데 있었습니다. 바로 아빠의 잔소리 부분입니다. 오른쪽 페이지는 아빠의 잔소리로 빼곡합니다. "숙제했냐? 장난감 다 치워라. 이게 치운 거냐? 빨리 정리하고 숙제해라……" 등 띄어쓰기도 필요 없는 잔소리가 끝없이 이어집니다. 아빠는 잔소리하는 기계 같습니다. '이 많은 잔소리를 어떻게 읽지? 빼고 싶지도 않고, 빼서도 안 되고'. 이 부분을 어떻게 읽어야 아이들이 덜 지루할까 고민이 되었습니다.
 저는 특정 문구를 함께 말하면서 읽어주기를 택했습니다. 아이들이 소리 내어 읽도록 했습니다. 아이들이 읽으려면 글자가 보여야 합니다. 인원이 적을 때는 그림책이 바로 앞에 있으니 글자가 보입니다. 문제는 아이들의 수가 많을 때입니다. 그림책은 한 권이고 듣는 아이들이 반 전체면 글자를 볼 수가 없습니다. 저는 아빠의 잔소리를 그대로 종이에 적었습니다. 아이들에게 책을 읽어주다 아빠의 잔소리 부분이 나오면 미리 준비한 종이를 나눠주었습니다. 아이들은 큰 소리로 읽었습니다. 가장 많이 들은 잔소리에 동그라미를 치기도 했습니다. 다른 잔소리를 쓰기도 했습니다. 아이들 마음에 알사탕 맛이 퍼졌습니다.

 백희나 작가는 2020년에 아스트리드 린드그렌 상을 받았습니다. 이 상은 『내 이름은 삐삐 롱스타킹』(시공주니어, 2020)을 쓴 린드그렌을 기리기 위해 스웨덴 정부가 만든 것입니다. 그러고 보니 어른들에게 들은 잔소리를 거침없이 적어대는 아이들의 모습이 갈래머리 삐삐를 닮았습니다. 『알사탕』을 먹고 마음이 단단해진 아이들이 '네 마음을 말해 봐. 내가 들어줄게.'하고 저에게도 알사탕을 나눠줍니다.

호랑이를 물리치는 꾀

홍영우 글·그림, 『해와 달이 된 오누이』(보리, 2015)

　그림책으로 출간된 옛이야기 중에는 이런저런 이유로 다시 고쳐 쓴 것이 많습니다. 이들 중에는 본래 전해지는 이야기를 읽을 때 본연의 맛과 힘이 더 잘 느껴지는 경우가 있습니다. 『해와 달이 된 오누이』도 그 가운데 하나입니다.
　대부분의 그림책에서는 오누이가 호랑이 꼬리를 보고 엄마가 아니라는 것을 알아차립니다. 그런데 본래의 이야기는 다릅니다. 엄마가 무언가를 오도독 씹어 먹자 오누이도 먹고 싶다고 말합니다. 엄마가 준 것은 갓난아기 손가락입니다. 이에 오누이는 엄마가 아니라 호랑이라는 걸 알아차립니다. 그 상황에서 오누이는 놀라지 않고 침착하게 대응합니다. 오빠는 똥 마렵다는 핑계를 대고 호랑이로부터 방에서 빠져나옵니다. 위기의 순간, 재치를 발휘해 문제를 해결한 오빠의 행동이 놀랍습니다. 옛이야기 본연의 재미와 힘이 느껴집니다. 김환희는 『옛이야기와 어린이책』(창비, 2009)에서 많은 그림책에 이 부분이 빠진 것을 애석해합니다.
　저는 아이들에게 '해와 달이 된 오누이' 이야기를 읽어줄 때면 꼭 오빠가 똥으로 호랑이를 물리치는 내용을 첨가해서 들려주었습니다. 아이들은 특히 그

부분을 더 좋아했습니다. 그러다가 본래의 이야기를 충실히 담아낸 홍영우 작가의 『해와 달이 된 오누이』을 만나고 얼마나 반가웠는지 모릅니다.

'해와 달이 된 오누이' 이야기에서 또 하나 살펴볼 것은 호랑이가 엄마를 잡아먹는 장면입니다. 호랑이는 엄마를 단번에 잡아먹지 않습니다. 처음에는 엄마에게 팔 하나를 떼어 달라고 합니다. 다음에는 다리를 떼어 달라고 합니다. 엄마는 팔과 다리 없이 굴려 가다가 결국 호랑이에게 잡아먹힙니다. 호랑이가 왜 엄마를 한 번에 잡아먹지 않았을까요? 저는 늘 그것이 궁금했습니다.

그러던 중에 저는 김유진의 동시집 『나는 보라』(창비, 2021)에서 재미있는 동시를 만났습니다. 제목이 「곰돌이 쿠키 먹는 법」입니다. 조그마한 쿠키를 한 입에 넣으면 그만일 텐데 먹는 방법이 있다니 어떤 방법일지 호기심이 생겼습니다. 이 동시에서 화자는 곰 모양의 쿠키를 다리, 귀, 입, 팔 순서대로 먹습니다. 그런데 각 부위를 하나씩 떼어먹는 이유가 재밌습니다. 못 돌아다니게 다리를, 못 듣게 귀를, 못 떠들게 입을, 못 까불게 팔을 떼어먹습니다.

저는 이 동시를 읽다가 문득 '해와 달이 된 오누이' 이야기의 호랑이가 떠올랐습니다. 그 호랑이의 모습에서 제 모습을 발견했습니다. 즉, 아이가 말을 듣지 않을 때 팔과 다리를 떼어서라도 가만히 있게 하고 싶었던 저의 모습이 보였습니다. 그런 제 마음을 호랑이에게 들킨 것만 같았습니다. 부모는 자식을 자기 마음대로 하고 싶어 합니다. 부모의 체면을 구기지 않게 자식이 고분고분했으면 합니다.

신동흔의 『옛이야기의 힘』(나무의철학, 2020)을 보면 저자의 옛이야기 해석이 재미납니다. 옛이야기의 원형이 요즘 시대에도 적용되는 것을 보면서 고개를 끄덕이게 됩니다. 저자는 자신의 해석이 앞으로 더 진전되고 달라질 가능성이 있으니, 생각을 열어두라고 합니다. 그게 이야기라고 합니다.

　호랑이가 엄마를 잡아먹은 이유는 제가 이해한 것만이 아닐 것입니다. 옛이야기는 하나이지만 그 이해는 읽는 사람마다 다를 것입니다. 저 역시 또 다른 경험으로 옛이야기가 이해되고, 제가 이해되는 날이 오기를 바랍니다. 아이도 엄마도 단단한 마음으로 자라는 날이 오기를 기다립니다.

"그림책으로 출간된 옛이야기 중에는
이런저런 이유로 다시 고쳐 쓴 것이 많습니다.
이들 중에는 본래 전해지는 이야기를 읽을 때
본연의 맛과 힘이 더 잘 느껴지는 경우가 있습니다."

Ⅱ. 그림책을 읽어요

3. 그림책과 함께 성장해요

기저귀와 팬티

히로카와 사에코 글·그림, 『팬티를 입었어요』(길벗어린이, 2014)

첫 아이를 키우는 엄마는 육아 서적을 자주 뒤적입니다. 월령별로 잘 자라고 있는지 확인하면서 아이를 알아갑니다. 아이마다 빠르거나 늦을 수 있음에도, 저는 살짝 빠르게 커가는 딸을 보며 안심하곤 했습니다. 그러면서도 제가 불안하고 조급했던 것이 기저귀 떼기였습니다. 아이에게 스트레스를 주면 안 된다는 철칙 아래 흔들리지 않으려고 애를 썼으나 "아직도 기저귀 안 뗐어?" 하는 주변 분들의 눈빛이 무거웠습니다. 그때마다 아이의 성장 속도가 느리게 느껴졌습니다.

배변 훈련 그림책을 찾아보니 주인공들은 쉽게 성공합니다. 실제 기저귀 떼기와는 달리 만족스럽지 않았습니다. 저는 실패가 많은 배변 훈련 그림책을 읽어주고 싶었습니다.

우리 집 아이들이 다 큰 후, 저는 『팬티를 입었어요』를 만났습니다. 깜찍한 배변 훈련 그림책에 반해버렸습니다. 주인공 포동이에게 기저귀 대신 새 팬티가 생겼습니다. 새 팬티는 부드럽고 가볍습니다. 포동이는 새 팬티를 입고 멋지게 걷는데 쉬가 주르륵, 실패입니다. 이번엔 쉬가 나오려는 걸 느끼고 엄마를 불렀으나 또 실패입니다. 다시 도전하지만, 팬티를 내리는 중에 쉬가 나와 버립니다. 포동이는 과연 성공할 수 있을까요? 이번엔 꾹 참고 변기통에 앉기까지는 성공합니다. 그러나 쉬하기는 쉽지 않습니다. 포동이는 끝내 성공하지 못한 채 이 그림책은 끝이 납니다.

저는 이 점이 참 좋습니다. 세상에 태어난 지 얼마 안 된 아이가 스스로 팬티를 내리고 쉬하기는 어렵습니다. 이 그림책에서 말하는 실패들을 똑같이 거칩니다. 포동이의 실패를 통해 아이를 키우는 엄마도 위로를 받습니다. '급할 것 없어요. 엄마로서 해야 할 일은 보송보송한 팬티를 준비하면 되는 거예요.'

북스타트 수업에서 서너 살 된 어린아이들에게 이 그림책을 읽어주었습니다. 그 아이들의 눈빛이 생생합니다. 아이들은 지금 겪고 있고, 겪은 지 얼마 안 된 본인의 이야기라 그런지 잘 들었습니다. 기저귀 떼기는 쉽지 않습니다. 포동이처럼 실패가 많아야 성공합니다.

똥 똥 똥, 내 똥

베르너 홀츠바르트 글, 볼프 에를브루흐 그림, 『누가 내 머리에 똥 쌌어?』
(사계절, 2002)

잘 먹고 잘 싸는 일은 중요합니다. 화장실에서 대변을 시원하게 보고 나면 후련합니다. 변기 물을 내릴 때 '잘했군.' 하면서 자신을 칭찬할 때가 있습니다. 아이들도 자기가 눈 똥에 잘했다고 느낀 적이 없을까요? 어른들은 더럽다고 물을 내려버리는 똥을 아이들은 참 좋아합니다. 똥 이야기를 만나면 연신 웃습니다.

『누가 내 머리에 똥 쌌어?』 역시 웃음이 끊이지 않는 그림책입니다. 이 책에는 여러 동물의 똥이 나옵니다. 비둘기, 말, 토끼, 염소, 소, 돼지 똥이 나옵니다. 이 중에서 말똥은 사과를, 토끼 똥은 콩을 닮았다고 합니다. 급기야 염소 똥은 초콜릿 같다고 합니다. 아이들에게 이 그림책을 읽어줄 때마다 말, 토끼, 염소 똥을 어째서 먹을 것과 닮았다고 말했는지 궁금했습니다. 생태 경험과 지식이 부족한 저는 이 궁금증을 『서머힐』(산수야, 2004)을 통해 해결할 수 있었습니다. 이 책에서 A.S. 닐은 말, 토끼, 염소 똥은 깨끗하고 전혀 메스껍지 않다고 합니다. 더불어 인간이 똥을 만질 수 있다면 정서에 도움이 될 것이라고 합니다.

이 세상에 태어난 인간은 나약하기 짝이 없습니다. 걷지도 서지도 못하고, 숟가락을 제대로 다루지도 못합니다. 잘하는 것 하나 없는 인간이 용을 쓰고 처음으로 만들어 낸 것이 무엇일까요? 바로 똥입니다. 서천석은 『그림책으로 읽는 아이들 마음』(창비, 2015)에서 아이들에게 배변은 뿌듯한 창조물이라고 합니다. 똥이 더럽다는 의미는 어른이 덧씌운 것일 뿐 자랑스러운 자신의 분신이라고 합니다.

이 그림책을 읽을 때 소가 똥을 싸는 부분에서 첨가하는 내용이 있습니다. 소는 똥을 좌르륵 무더기로 쌉니다. 그 똥을 가리키며 "두더지가 똥 샤워할 뻔했어."라고 말합니다. 그러면 아이들은 "똥 샤워."를 따라 하며 웃습니다. 욕실에서 아이를 씻길 때 "우리는 물이야, 물 샤워야."라고 말해 보세요. 아이의 웃음이 욕실을 가득 채웁니다.

단잠과 악몽

미하엘 엔데 글, 안네게르트 푹스후버 그림, 『꿈을 먹는 요정』
(시공주니어, 2001)

잠잘 때 꿈을 꾸시나요? 어렸을 때 자주 꿈을 꾸지 않으셨나요? 떨어지는 꿈도 꾸셨죠? 저는 꿈속에서 하늘을 날다 떨어지곤 했습니다. 심지어 하늘을 날면서도 떨어질 걱정을 했습니다. 저는 떨어지기 직전의 조마조마함이 너무 싫었습니다. 막상 떨어져도 아무렇지도 않은데 말입니다. 꿈꾸는 게 싫어 잠자는 것이 두려웠습니다. 요즘도 꿈 때문에 잠들기를 두려워하는 아이들이 있습니다. 다행히 우리 집에는 『꿈을 먹는 요정』이 있습니다. 저는 아이들이 이 요정을 만나게 열심히 그림책을 읽어주었습니다.

'단잠 나라'는 잠자는 일이 가장 중요합니다. 이 나라에 잠을 자지 못해 야위어 가는 공주가 있습니다. 단잠 나라 왕의 딸, 단꿈 공주입니다. 공주가 잠잘 수 있게 모든 방법을 다 동원해 보지만 나아지지 않습니다. 보다 못한 왕이 직접 나섭니다. 왕은 길을 잃고 헤매며 갖은 고생 끝에 기괴하게 생긴 요정을 만납니다. 바로 꿈을 먹는 요정입니다. 요정은 왕의 고민을 듣더니 다짜고짜 주문을 외우라고 다그칩니다. 요정이 외우는 주문은 효력이 없습니다. 주문 덕에 왕은 공주의 방으로 단숨에 돌아오고, 공주는 드디어 잠을 잘 수 있게 됩니다. 공주가 주문을 외우면 요정은 무서운 꿈을 야금야금 먹어 치웁니다.

  이 그림책을 읽어주다 주문을 외우는 부분에서 잠시 쉴 수 있습니다. 우리 집 두 아이는 경쟁하듯 주문을 외웠습니다. 주문이 꽤 길고 글자를 모르는 데도 외웠습니다. 주문이 틀리면 서로의 목소리가 점점 커졌습니다. 혹시 자녀가 잠들기를 두려워해서 밤마다 곤욕을 치르고 계시나요? 그렇다면 "꿈을 먹는 요정아, 꿈을 먹는 요정아" 하고 주문을 외워보세요. 요정은 칼과 포크를 들고 기다리고 있답니다. 요정은 악몽일수록 맛이 좋다고 합니다. 저는 요즘도 한 번씩 요정을 불러 봅니다. 그것이 바로 이 그림책이 만들어진 이유입니다.

안아주세요

제즈 앨버로우 글·그림, 『안아 줘!』(웅진주니어, 2000)

온종일 엄마랑 떨어져 있던 아이가 안아 달라고 합니다. 신체 접촉은 마음의 편안함을 줍니다. 아이들은 끊임없이 엄마의 사랑을 확인하고, 엄마의 품에서 편안함을 느끼고 싶어 합니다. 하지만 일에 지친 엄마는 몸이 따라주지 않습니다.

그럴 땐 그림책 『안아 줘!』를 펼치세요. 그리고 책이 이끄는 대로 따라가십시오. 이 책은 아주 짧습니다. 글도 읽어주기 쉽게 '안아 줘.', '안았네.'뿐입니다. 이 책에는 여러 모습으로 안고 있는 엄마와 새끼동물이 등장합니다. 사자는 누워서, 기린은 볼을 대고, 하마는 엎드려서 서로 껴안고 있습니다. 아이와 함께 그 모습을 따라 하면서 읽으면 한바탕 놀이가 됩니다. 그림책의 마지막 장면에서는 동물들이 모두 안아주고 있습니다. 팔이 없는 뱀도 코끼리를 안아 줍니다. 둘은 어떻게 안을까요? 전 이 그림이 너무나 좋습니다.

어릴 적 안아달라던 아이가 훌쩍 커버렸습니다. 안아달라는 말이 사라진 지 벌써 오래입니다. 대학생이 된 아이는 엄마의 포옹보다 친구들이 더 좋습니다. 이젠 엄마도 자식 안아보기를 잊고 삽니다.

얼마 전, 아들을 만나면 무조건 안아준다는 흰머리가 드리워진 한 엄마를 만났습니다. 아들이 사춘기일 때도 아무 말 없이 안아줬다고 합니다. 그 아들이 올해 서른아홉 살인데 안아주기는 지금까지 이어지고 있습니다. 그녀는 섣부른 조언이나 위로의 말보다 안아주기를 하라고 강조합니다. 제가 "한동안 안 하다가 이제 하려니 쑥스러워요."하고 말했더니, "자식을 안아보는 건 엄마의 특권이야."라고 합니다. 그녀의 이마 위에 늘어진 흰머리가 유난히 멋스러웠습니다. 그날 집에 돌아와 아들에게 "한 번 안아보자."라고 말했습니다. 그랬더니 아들은 두 손을 툭 늘어트린 채 어색한 표정으로 뻣뻣하게 서 있었습니다. "어릴 때 읽은 『안아 줘!』 기억나?"하고 물으니 슬쩍 웃어 보입니다.

『안아 줘!』가 출판된 지 벌써 20년이 넘었습니다. 안아달라고 요구하는 주체가 아이에서 엄마로 달라졌습니다. '안아 줘!'라는 말이 아이만이 아니라 엄마에게도 필요합니다. 자식 안아보기를 자주 하기로 마음먹습니다. 그림책도 '안아 줘!'라고 소리칩니다. 가만히 그림책을 품어 봅니다.

아이도 일해요

엘사 베스코브 글·그림, 『펠레의 새 옷』(지양어린이, 2016)

부모라면 내 자식이 험한 세상에서 고생을 덜 하며 편하게 살기를 바랍니다. 그러다 보니 어려운 일은 부모가 대신해 주려고 합니다. 부모가 다 해 줘서 그럴까요? 요즘 아이들은 쌀이 마트에서 난다고 한다는데, 이제는 농부마저 택배원이라고 하지 않을까 염려됩니다. 인터넷이나 전화 주문이면 원하는 물건이 집에 도착합니다. 만들어지는 과정은 본 적 없고 완성된 물건만 보입니다. 원하는 물건이 너무도 쉽게 우리 아이들에게 주어지고 있습니다.

원하는 것을 얻으려면 일해야 함을 우리 아이들도 알아야 합니다. 몸을 움직여 일하는 것에 익숙해져야 합니다. 집에서도 아이들이 할 수 있는 일이 있습니다. 자기가 먹을 음식을 누군가가 만드는 동안 수저를 식탁에 놓거나, 설거지를 할 수는 없어도 빈 그릇을 싱크대에 담그는 것 등입니다. 또 벗은 양말을 빨래통에 넣고, 책가방을 제자리에 두는 일은 할 수 있습니다. 몸을 움직이며 일을 해야 부모의 노동에 고마워하고, 사람이 자연의 혜택으로 살아가고 있음도 알게 됩니다.

『펠레의 새 옷』은 노동의 가치를 잘 보여주는 스웨덴 그림책입니다. 주인공

아이, 펠레에게는 양 한 마리가 있습니다. 새 옷이 필요한 펠레는 깎은 양털을 들고 할머니께 갑니다. 할머니가 양털을 손질하는 동안 풀을 뽑습니다. 그리고 소에게 풀을 먹입니다. 실을 염색하기 위해 어려운 심부름도 마다하지 않습니다. 엄마가 옷감으로 만드는 동안 동생을 돌보고, 재봉사 아저씨가 옷을 지을 때도 역시 일을 합니다. 드디어 새 옷이 다 지어집니다. 새 옷을 말끔하게 입은 펠레는 양에게 고맙다고 정중히 인사를 합니다.

  펠레의 새 옷은 노동 없이 얻어진 것이 단 하나도 없습니다. 새 옷에는 펠레의 노동뿐 아니라 다른 사람의 노동과 자연이 준 고마움도 담겨있습니다. 그만큼 새 옷은 소중합니다. 옷을 아껴 입을 수밖에 없습니다. 일은 우리를 가치 있게 합니다. 시종일관 맨발로 일하는 펠레의 모습이 무척 다부져 보입니다.

  앞으로 험한 세상을 잘 헤쳐나갈 것 같습니다.

반려동물에게 읽어줘요

소피 블랙올 글·그림, 『시큰둥이 고양이』(주니어랜덤, 2022)

저는 오랫동안 도서관에서 독서 수업을 하고 있습니다. 강의 시간에는 소리 내어 그림책을 읽어줍니다. 수강하는 분들은 그림책 듣기를 좋아합니다. 하루는 식구들에게 그림책 읽어주기를 숙제로 냈습니다. 그러자 한 분이 강아지에게 읽어줘도 되는지 물었고 저는 좋다고 했습니다. 다음 주 그분은 환한 얼굴로 "선생님, 강아지가 요러고 들어요." 하며 저보다 더 신기해했습니다. 그럼, 고양이는 어떨까요?

『시큰둥이 고양이』에는 책을 소리 내어 읽어야 내용이 이해되는 남자아이가 등장합니다. 그 때문에 아이는 학교에서 웃음거리가 되기도 합니다. 고양이를 키우고 싶은 아이는 부모님을 졸라 허락을 받아냅니다. 하지만, 부모님은 순순히 허락할 리 없지요. 부모님이 허락을 조건으로 아이에게 제시한 여러 요구사항 중에는 책 읽기도 있습니다.

고양이를 키우게 된 아이의 기쁨이 양쪽 페이지에 걸쳐 가득합니다. 온몸으로 기쁨을 표현한 아이의 그림이 참 좋습니다. 저도 똑같이 흉내 내고 싶습니다. 유기묘 보호소에서 고양이를 고르는 소년의 뒷모습이 진지합니다. 소년은 가장 구석에 있는 고양이 맥스에게 마음이 끌립니다.

맥스는 새로운 집에 적응하지 못합니다. 제목대로 시큰둥이입니다. 오히려 맥스는 가족들을 귀찮게 합니다. 결국 맥스를 돌려보내기로 하고, 엄마는 보호소에 전화합니다. 아이는 이 난관을 헤쳐나가고 싶은 마지막 희망으로 책을 소리 내어 읽기 시작합니다. 그러자 시큰둥이 고양이가 반응합니다. 고양이는 소년의 목소리에 이끌려 책을 봅니다. 끝까지 다 봅니다. 이 모습을 가족들과 보호소 선생님이 봅니다.

뭘 해도 시큰둥한 고양이가 책 읽어주는 소리를 듣다니 정말 가능한 일일까요? 우리는 책을 읽어줄 때만큼은 목소리를 가다듬고 성의껏 읽어줍니다. 상대방과 같이 호흡합니다. 아이는 고양이가 따라주지 않아도 "그래도 난 널 사랑해"라고 말합니다. 이처럼 책 읽어주기는 상대방에 대한 기본적인 배려와 사랑이 있습니다.

숙제로 강아지에게 책을 읽어준 분도 강아지를 사랑합니다. 서툰 읽기라도 읽어주는 이와 듣는 이의 관계는 좋아집니다. 그림책을 읽어주고 듣는 수업이 도서관에서 인기 있는 이유입니다.

말하기, 또 연습해요

조던 스콧 글, 시드니 스미스 그림, 『나는 강물처럼 말해요』(책읽는곰, 2021)

엘리베이터, 메타세쿼이아, 플라타너스, 블라디보스토크. 이런 단어들을 처음 만났을 때 발음이 잘 되셨나요? 자주 반복해서 연습해도 엉뚱한 소리가 나오지는 않았나요?

저는 학교 다닐 때 선생님의 질문에 답을 알아도 번쩍 손을 들지 못했습니다. 일어서서 말하는 순간 '입에서 다른 말이 나와버리면 어쩌지?' 하고 걱정부터 했습니다. 그래서 입안에서 답을 되뇌곤 했지요.

그림책『나는 강물처럼 말해요』의 주인공은 어느 날, 친구들 앞에서 발표해야 합니다. 자기 생각을 문장으로 말해야 합니다. 아이들은 모두 주인공만 바라보고 주인공의 말에 주의를 기울입니다. 긴장한 탓에 소나무의 'ㅅ'이 입안에 뿌리를 내리며 혀와 뒤엉켜 버리고, 까마귀의 'ㄲ'이 목구멍 안쪽에 달라붙어 있습니다. 달의 'ㄷ'은 마법처럼 입술을 지워버립니다.

정말 이런 느낌입니다. 저도 어릴 적 학교에서 발표하기 전에 단어의 뿌리와 혀가 뒤엉켜 버릴까 봐 질문의 답을 빗질하듯 자꾸만 되뇌곤 했습니다. 어느 때는 아예 입이 없는 척 고개를 숙였습니다.

일시적이든 영구적이든 말을 더듬는 상황에서 발표는 더욱 엉켜버립니다. 물이 높은 곳에서 낮은 곳으로 흐르듯 술술 나올 것 같은 말하기가 왜 이렇게 어려울까요? 주인공은 말하기가 쉬운 일이 아니라는 걸 깨닫습니다. 물은 소용돌이치고, 굽이치고, 부딪치며 흐른다는 걸 아빠가 알려주었습니다.

주인공도 저도 가만히 강물이 되어봅니다. 많은 사람 앞에서 발표를 잘하기는 쉽지 않습니다. 실수하는 게 당연합니다. 강물이 부딪쳐 흐르고, 주인공도 저도 부딪치며 흘러갑니다. 오늘도 말하기를 연습합니다. 강물을 둘러싼 단어들이 굽이굽이 흘러갑니다.

글자를 알게 되었어요

게일 헤일리 글·그림, 『이야기 이야기』(보림, 1996)

 아기가 태어나 처음 내는 소리는 울음소리입니다. 이후 아기가 부쩍 자라 부모와 눈빛을 주고받고, 옹알이를 하는 것을 보면 놀랍습니다. 그런데 아기 입에서 '엄마'라는 말이 나오면 무척 경이롭습니다. 그 순간 부모는 기쁨의 환호성을 지릅니다.
 그렇다면 아기는 어떨까요? 아기들도 빨리 말하고 싶지 않았을까요? 엄마가 자기 말을 알아듣지 못해 답답하지는 않았을까요? 첫 말을 내뱉었을 때 아기는 부모보다 더 기뻤을지도 모릅니다. 더 자라서 아기는 자기가 내뱉은 말소리를 글자로 쓸 수 있다는 것을 알게 됩니다. 책에는 글자가 담겨있으며, 이 세상에는 재미난 이야기가 많다는 것도 알게 됩니다.
 그림책 『이야기 이야기』는 이 세상에 이야기가 생겨난 경위를 알려주는 아프리카 옛이야기입니다. 저는 내용이 흥미로워 아이들에게 자주 이 책을 읽어주었습니다. 긴 글을 모두 읽어주면 지루해할 것 같아서 옛날이야기를 들려주듯 내용을 각색해서 읽어주었습니다.
 한번은 일곱 살 아이들을 위해 이 그림책을 들고 유치원으로 갔습니다. 한 남자아이가 맨 앞에 앉아 눈을 반짝이며 집중해서 이야기를 들었습니다. 한참 열심히 읽어주고 있는데 갑자기 그 아이가 "선생님."하고 불렀습니다. 제가 "왜?" 하고 대답했더니, "제발 똑같이 읽어주세요." 하고 말했습니다. 이 아이는 저랑 가장 가까운 자리에 앉아서 제 입에서 나오는 말소리를 글자로 확인하며 듣고 있었습니다. 저는 아이에게 "달라서 속상했구나. 글이 너무 길어서 선생님이 바꿔 읽었어." 하고 말했습니다.

그림책은 각색해서 읽어줘도 되고, 있는 그대로 읽어주어도 됩니다. 그 결정은 듣는 아이에 따라 달라집니다. 듣는 아이가 글자에 관심을 보이는 시기라면, 책에 적힌 글자 그대로 읽어주는 것이 낫습니다.

아기가 처음으로 '엄마'라는 말을 한 것도 놀랍고, 말소리를 글자로 알아본 것도 놀라운 일입니다. 지금은 지극히 당연한 일들이지만, 처음엔 그 모든 것이 경이로운 것들이었습니다.

낙서의 힘

이묘신 글, 김순영 그림, 『어디로 갔을까?』(초록달팽이, 2023)

연필이나 볼펜으로 종이에 글을 쓰다 보면 손뿐만 아니라 어깨와 팔이 얼얼해집니다. 요즘은 글자를 스마트폰이나 컴퓨터 자판에 손가락 터치로 쓰는 것이 익숙한 세상입니다.

얼마 전에 초등학교 3학년 아이에게 일부러 필사를 시킨다는 한 엄마를 만났습니다. 그녀는 아이에게 좋은 문장을 만나게 해 주고 싶은 것도 있지만, 더 큰 목적은 손의 힘을 기르고 연필 잡는 자세를 잡아주고 싶어서라고 했습니다. 그러고 보니 저도 백화점에 수선을 맡기고 확인증을 받아 들고는 실망한 적이 있습니다. 젊은 아르바이트생의 글씨는 알아보기 힘들었습니다. 맡긴 물건이 수선이 잘 될까 불안할 정도였습니다.

아이들은 가르쳐주지 않아도 손에 무언가를 쥘 수 있게 되면 방바닥이나 벽지 등에 무언가를 끼적입니다. 중고등학생들은 수업 시간이 지루하면 공책 귀퉁이에 낙서하기도 합니다. 아이들뿐만이 아닙니다. 로널드 레이건 전 미국 대통령도 정상회담 중에 낙서한 적이 있고, 키스 해링은 지하철 광고판에 낙서해 경찰에 연행되기도 했습니다.

인간은 낙서를 통해 자기를 표현하고 싶은 욕구가 있습니다. 낙서가 뇌에 좋다는 연구도 있습니다. 아이들의 낙서는 장려해 줄 필요가 있습니다. 끼적이기는 손의 힘을 키우고, 바른 글씨 쓰기로 이어집니다. 우리는 사회생활 속에서 느끼는 감정을 참거나 숨겨야 할 때가 있습니다. 그럴 때 낙서를 하면 슬픔, 분노, 속상함 등을 어느 정도 해소할 수 있습니다.

『어디로 갔을까?』의 주인공인 연호는 바다에 가고 싶습니다. 친한 친구도 바다에 가고 혼자입니다. 엄마는 바쁘기만 합니다. 연호는 자기 마음을 몰라주는 엄마가 서운하고, 바다에 가지 못해 속상합니다. 연호는 넓은 마당에, 키스해링처럼 분필을 손에 쥐고 낙서합니다. 꾸불꾸불 그은 선이 밀려오는 파도가 됩니다. 신난 연호는 몰입해서 물고기를 그립니다. 바다에 가지 못한 서운함은 파도에 떠밀려 갔습니다.

이 그림책의 글과 그림은 주인공 연호와 유미의 바닷속 여행 모습을 환상적으로 보여줍니다. 아이들이 입고 있던 옷과 신발은 수영복과 오리발이 됩니다. 하지만 연호의 바닷속 여행은 그리 오래가지 못하고, 곧 현실로 돌아옵니다. 그때 갑자기 "낙서하지 말랬지?"라고 호통치는 엄마의 목소리가 들려옵니다. 연호는 그 많은 낙서를 어떻게 지웠을까요?

걱정하지 마세요. 우리의 주인공 연호는 손 하나 대지 않고 낙서를 모두 지웁니다. 낙서가 말끔하게 지워지자 엄마도 깜짝 놀랍니다. 과연 낙서한 물고기들은 어디로 간 것일까요? 그림책을 읽으며 사라진 물고기들을 찾아보세요.

나이에 맞는 말과 행동

허은미 글, 오정택 그림, 『진정한 일곱 살』(만만한책방, 2017)

제 나이에 어울리는 말이나 행동을 하지 못할 때 우리는 흔히 '나잇값도 못한다.'라고 말합니다. 이런 말을 들으면 기분이 좋지 않습니다. 그런데 제 나이에 맞는 말과 행동이 어떤 것일까요? 저는 아직 혼자 김장을 못 합니다. 김장을 기준으로 삼으면 저는 나잇값을 못 하고 있습니다.

『진정한 일곱 살』의 주인공은 일곱 살이라면 마땅히 해야 할 것을 독자에게 알려줍니다. 앞니가 하나쯤은 빠져야 하고, 채소를 먹어야 하고, 좋아하는 공룡에 대해 알아야 한다고 말합니다. 그 밖에도 여러 가지가 더 있는데, 무엇보다 진정한 일곱 살이라면 혼자 잘 수 있어야 한다고 큰소리칩니다.

하지만 놀 때는 비좁기만 하던 방이 혼자 자려고 누우면 무척 크게 느껴집니다. 일곱 살 아이가 혼자 자는 건 정말 어려운 일입니다. 결국 아이는 '엄마!' 하고 소리칩니다. 놀라 달려온 엄마, 아빠는 괜찮다며 아이를 달래 줍니다. 아이는 엄마 아빠의 말을 듣고 잠이 듭니다. 부모님이 아이에게 한 말은 무엇일까요? 그 말은 혼자서는 김장을 못 하는 저까지 달래 주었습니다. 그 말을 들으면 왠지 마음이 짠조름해지며 힘이 납니다. 어떤 말인지 그림책을 읽고 직접 확인해 보세요.

  이 그림책을 읽고 나면 자신의 나이에 맞는 행동과 말이 어떤 것일까, 다시금 자신의 모습을 살피게 됩니다. 진정한 서른 살은 어떠해야 할까요? 진정한 마흔 살, 진정한 쉰 살은 어떠해야 할까요? 열 살인 아이에게 이 책을 읽어 주고 "진정한 열 살은?" 하고 물어보니, 아이는 열 살이면 숙제를 알아서 해야 한다고 말합니다. 우리도 자신의 나이에 맞는 언행을 한 가지씩 정해 보면 어떨까요? 해마다 하나씩만 실천해도 아마도 크게 성장할 수 있을 것입니다.

죽음과 애도

맷 제임스 글·그림, 『행복한 장례식』(책빛, 2020)

　노인 인구가 늘면서 장례식장을 찾는 일이 많아졌습니다. 장례식장에 아이를 데리고 갔다가 아이가 얌전히 있지 않아 당황한 적이 있을 것입니다. 어떤 장소인지, 왜 가는지 충분히 설명했음에도 아이는 아랑곳하지 않습니다.
　대여섯 살 아이들은 죽음을 어떻게 이해할까요? 아이들은 대체로 움직이지 않으면 죽은 것으로, 움직이면 살아 있는 것으로 이해합니다. 죽음을 제대로 이해하지 못해 죽은 사람들도 볼 수 있으며, 먹을 수도 있다고 생각합니다. 모든 사람이 죽는다는 것을 인정하지 않으며, 언젠가 자신도 죽는다는 것을 받아들이지 못합니다. 간혹 죽음을 잠자는 것으로 여겨 잠자리에 드는 것을 두려워하기도 합니다.
　『행복한 장례식』은 장례를 대하는 아이의 모습을 담은 그림책입니다. 주인공 노마는 돌아가신 증조할아버지의 장례에 참석합니다. 노마는 제일 좋아하는 친척 레이를 만난다는 사실이 기쁩니다. 장례가 진행되는 동안 노마와 레이는 교회를 빠져나와 근처에서 신나게 뜁니다. 집으로 돌아가는 차 안에서 노마는 오늘 증조할아버지는 행복했을 것이라고 생각합니다. 이 책에는 노마가 장례식에 어울리는 행동을 한 내용은 없습니다.

  아이가 죽음을 이해하려면 시간의 개념을 이해할 수 있어야 합니다. 초등학교 수학책을 살펴봤습니다. 1학년 2학기에 시계 보기를 배웁니다. 2학년 2학기에 '시각과 시간'이라는 단원에서 달력 보는 법과 시계 보는 법을 구체적으로 배웁니다. 그럼, 여덟 살이나 아홉 살 이전의 아이는 죽음에 대한 이해가 어렵다고 봐야 할 것입니다.

  브렛(Brett Doris)은 『그래, 네 맘 알아 엄마 얘기 들어볼래?』(한울림어린이, 2000)에서 아이가 어른의 수준으로 죽음을 이해하려면 만 열 살에서 열두 살은 되어야 가능하다고 말합니다. 장례를 치르는 동안 아이가 예를 갖추며 슬퍼하기를 바라는 것은 어른의 바람입니다. 어른도 각자 죽음을 받아들이는 이해와 속도가 다릅니다. 노마와 레이가 바람 부는 풀밭을 행복하게 뛰어놀았기에 증조할아버지도 행복하게 하늘나라로 날아오를 수 있었을 것입니다.

죽음은 새로운 시작

이정록 글, 김유경 그림, 『어서 오세요 만리장성입니다』(킨더랜드, 2021)

우리는 익숙한 것이 편합니다. 아마도 영원히 익숙해지기 어려운 것 중 하나가 죽음일 것입니다. 죽음은 지켜보기도 쉽지 않습니다. 아이를 장례식장에 데려가도 되는지 망설여지고, 가족의 죽음으로 슬퍼하는 친구에게 어떤 말을 해야 할지도 모르겠습니다. 주변 사람의 죽음을 직접 경험하기 전까지는 공감하기도 어렵습니다.

『어서 오세요 만리장성입니다』는 죽음에 관한 이야기입니다. 공간적 배경은 중국집이고 등장인물은 일곱 살 된 장영재의 가족입니다. 죽음이라면 당연히 따라와야 할 눈물이 없습니다. 오히려 미용실 아주머니와 외국에서 시집온 아주머니, 사진관 아저씨까지 웃고 있습니다.

아빠는 할머니가 돌아가시자 중국집 간판을 거꾸로 답니다. 동네 사람들은 그 이유에 대해 궁금해합니다. 아빠는 동네 사람들을 모두 초대해 음식 대접을 합니다. 그 자리에서 동네 사람들은 효심 어린 아빠의 행동을 이해합니다. 저녁 식사 후, 밤하늘의 별똥별을 보며 돌아가신 할머니를 기억합니다. 이 책에서 작가는 죽음은 끝난 것이 아니라, 새롭게 반짝이는 것이라고 말합니다.

장영재의 엄마인 홍길순은 시어머니가 돌아가신 뒤에도 효도합니다. 저 역시 시어머니와 살고 있는 며느리입니다. 저는 '효'라는 단어 앞에서 당당히 고개 들 수 없기에 이 책을 읽기가 힘들었습니다. 돌아가신 친정아버지께 잘해 드리지 못한 마음까지 더해져 이 책을 대하는 것이 편치 않습니다. 그림책을 널리 알리는 일을 하면서도 다른 사람에게 이 책을 읽어주기까지는 시간이 필요했습니다.

글 작가와 그림 작가는 모두가 터부시하는 죽음을 덤덤히 그려냈습니다. 이것만으로도 『어서 오세요 만리장성입니다』는 충분히 매력적입니다. 저도 이 책을 읽고 죽음을 받아들이기로 했습니다. 그리고 용기 내어 도서관에서 어른들에게 이 그림책을 읽어주었습니다. 그리고 알았습니다. 가족의 죽음을 곁에서 지켜낸 딸과 며느리들이 다 같이 아파하고 있다는 것을요. 죽음은 끝이 아니라, 새로운 시작이라는 것을요.

Ⅱ. 그림책을 읽어요

4. 좋은 부모가 되어 가요

줏대 있는 부모

하인리히 호프만 폰 팔러슬레벤 글·그림, 『하인리히 호프만 박사의 더벅머리 아이』
(문학동네, 2004)

아이를 키우다 보면 어려움을 겪을 때가 있습니다. 머리가 지저분해도 머리 깎기를 싫어하고, 손가락을 빨고, 친구를 괴롭히고, 밥 먹기를 싫어하기도 합니다. 이런 아이를 훈육하려고 말을 듣지 않으면 손가락이 잘린다거나, 음식을 먹지 않으면 죽는다고 말하는 그림책이 있다면 어떤 생각이 드세요?

저자는 맘에 드는 자녀의 선물을 찾지 못해 직접 그림책을 만들었습니다. 그리고 그 책을 본 친구의 권유로 『더벅머리 아이』가 출판됩니다. 그와 같은 출판 배경에 감동하여 이 책을 구입했지만, 선뜻 손이 가지 않았습니다. 당시에 딸이 손가락을 빠는 버릇이 있었던 까닭에 아무리 훈육용이라고 해도 읽어주기가 왠지 망설여졌습니다.

이 그림책은 1845년에 독일에서 출판된 후 대성공을 거둡니다. 저자는 정신과 의사로 진료 시 그림을 그려 아이들을 진정시켰습니다. 그중에서 가장 인기 있는 인물이 표지에 자리합니다. 지금도 독일에는 이 그림책을 즐기는 가정이 있습니다. 세월이 흘러 교육관이 변하듯 이 책에 대한 평가도 시대에 따라 문화에 따라 엇갈립니다.

『더벅머리 아이』의 그림은 등장인물을 실제보다 크거나 작게 그렸고, 몸짓을 과장되게 그렸습니다. 가만히 보고 있으면 슬그머니 웃음이 납니다. 오래전, 이 책을 읽어주던 추억을 더듬어보면 우려하는 엄마와는 달리 두 아이는 거리낌 없이 즐거워했습니다. 요즘은 어떨까 싶어 일곱 살 아이에게 책을 읽어주었습니다. 아이는 그림책의 열 가지 에피소드에 연신 웃습니다. 밥을 안 먹어 단계별로 말라가는 등장인물에 손가락을 세워 딩딩딩 피아노 치듯 두드립니다. 과장된 내용과 그림이 아이들의 흥미를 불러일으키는 것을 확인할 수 있습니다.

자녀를 사랑한 아빠가 만든 그림책이긴 하지만 이 책이 우리 아이에게 적합한지 아닌지는 부모로서 좀 더 고민이 필요합니다. 그와 더불어 나만의 줏대를 가진 부모인지 아닌지도 한 번 살펴보았으면 합니다.

지나친 자식 사랑

소중애 글, 이승현 그림 『김수한무 거북이와 두루미 삼천갑자 동방삭』
(비룡소, 2013)

나라는 존재는 이름으로 나타냅니다. 내 이름이지만, 내가 짓지 못합니다. 부모나 다른 누군가가 지어줍니다. 이름이 마음에 들기도 하고 그렇지 않기도 합니다.

저는 고등학교 때 제 이름이 영 마음에 들지 않았습니다. 받침에 'ㄴ'이 두 번이나 들어있어서 갑갑한 제 성격을 그대로 보여주는 것 같았습니다. 저는 다시 내 이름을 짓는다면 '주'자를 넣고 싶었습니다. 같은 반에 제 이름과 한 글자 다른 친구가 있었습니다. 그 친구 이름에 '주'자가 들어있었습니다. 그 친구는 키도 크고 날씬하고 참 예뻤습니다.

『김수한무 거북이와 두루미 삼천갑자 동방삭』에 등장하는 영감님은 환갑이라는 늦은 나이에 자식이 생깁니다. 자식에게 좋은 이름을 지어주고 싶어서 여러 사람을 만납니다. 스님은 목숨이 끝나지 않는 '수한무'라는 이름을 알려줍니다. 선비는 거북이, 농부는 두루미, 훈장님은 '삼천갑자 동방삭'이라는 이름을 알려줍니다. 저는 '삼천갑자 동방삭'의 뜻을 이 그림책을 보고 알았습니다.

영감님은 결국 아들 이름을 '김수한무 거북이와 두루미 삼천갑자 동방삭'으로 지어버립니다. 이름을 줄여도 안 되고 대충 불러도 안 된다고 으름장을 놓습니다. 늦은 나이에 자식이 생겼으니 얼마나 귀한 아들일까요? 하나도 빼지 못하고 길게 이름을 지은 영감님의 마음을 이해하지만, 영감님의 자식 사랑은 지나쳤습니다. 긴 이름 때문에 아들을 잃을 뻔한 사건이 일어납니다. 영감님은 자기 잘못을 뉘우치고 이름을 짧게 부르도록 허락합니다.

앞표지의 제목을 보면 '김수한무' 네 글자는 커다랗고 '거북이와 두루미 삼천갑자 동방삭'은 작은 크기로 물결 모양으로 이루어져 있습니다. 아이들과 이 책을 읽고 난 후 느낌을 나누었습니다. 저는 앞표지가 보이게 들고 있었는데, 한 아이가 "왜 '김수한무'만 큰지 알겠어요."라고 말했습니다. 이 아이는 자신이 느낀 점을 제목 글자의 크기에 빗대어 표현했습니다. 여러분도 왜 '김수한무' 네 글자만 크게 디자인했는지 생각해 보세요. 또한 이 책을 읽으며 본인의 자식 사랑이 어떤지도 확인해 보세요.

엄마에게 필요한 용기

쓰쓰이 요리코 글, 하야시 아키코 그림, 『이슬이의 첫 심부름』
(한림출판사, 1991)

여러분은 처음으로 한 심부름 기억나세요? 잘 기억나지 않으시죠? 첫 심부름의 긴장감과 뿌듯함을 담은 그림책이 있습니다. 『이슬이의 첫 심부름』입니다. 이 책의 주인공 이슬이 덕분에 기억나지는 않지만, 아마도 저의 첫 심부름 역시 성공했을 것 같습니다.

바쁜 엄마를 대신해 이슬이가 우유를 사러 심부름 가는 것이 남의 일 같지 않습니다. 이슬이는 손에 동전을 꼭 쥐고 달리다가 돌부리에 걸려 넘어집니다. 무릎이 아픈 것보다 대구루루, 굴러간 동전이 더 걱정입니다. 우여곡절 끝에 이슬이가 우유를 사서 돌아가는 길, 저 아래에 엄마와 동생이 기다리고 있습니다. 심부름에 성공한 이슬이의 모습이 참으로 당당합니다.

엄마와 집으로 돌아가는 이슬이의 뒷모습을 보며 이야기가 끝났다고 생각했는데 아니었습니다. 뒤표지에도 이야기를 담은 그림이 그려져 있었습니다. 엄마는 이슬이의 무릎에 약을 바르고, 반창고를 붙여주고, 이슬이는 우유를 먹고 있는 그림입니다. 글은 없지만, 조잘조잘 이슬이의 목소리가 들리는 듯합니다. 이 책은 뒤표지까지 꼭 봐야 합니다.

저도 이 책을 읽고 이슬이 엄마처럼 아이에게 심부름을 시키고 싶었습니다. 하지만 험한 세상이 두려워 실행에 옮기기까지 여러 날을 망설였습니다. 그러던 어느 날 큰맘을 먹고 아이에게 우유를 사 오라고 심부름을 보냈습니다. 그날은 바람이 많이 불었습니다. 긴장한 모습으로 집에 돌아온 아이는 손에 우유를 꼭 쥐고 있었습니다. "바람을 헤치고 갔다 왔어."라고 말하고는 우유를 현관에 내려놓았습니다. 1,000ml의 우유만큼이나 아이의 팔뚝이 단단해 보였습니다.

이 책은 출판된 지 어느덧 20년이 되었습니다. 막연한 두려움에 아이 혼자 심부름을 보내지 못하던 제게 힘과 용기를 주었습니다. 어쩌면 우리는 자식을 위한다는 명목으로 오히려 아이들의 가능성과 잠재력을 가로막고 있는 것은 아닐까요? 이 책을 읽고, 아이보다 먼저 엄마가 용기를 내어 이 험한 세상 속으로 힘차게 발걸음을 시작해 보면 어떨까요?

자녀와의 대화

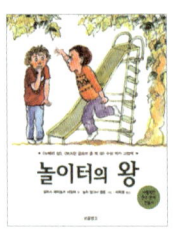

필리스 레이놀즈 네일러 글, 놀라 랭그너 멀론 그림, 『놀이터의 왕』
(보물창고, 2007)

저는 말을 잘하는 사람이 부럽습니다. 그런 사람들은 상대방이 쉽게 수긍하도록 조리 있게 말하고, 유머까지 겸비하고 있습니다. 맥락과 상황에 맞는 말은 때때로 천 냥 빚을 갚고도 남을 만큼 위력이 있습니다.

언젠가 도서관 휴게실에서 아이와 엄마를 보았습니다. 휴게실에는 자판기가 있습니다. 아이들은 자판기에 동전을 넣고 버튼을 누르면 음료수 캔이 떨어지는 것을 신기해합니다. 그 아이도 자판기에서 눈을 떼지 못합니다. 그때 제 귀에 "만 원짜리 뿐이야." "동전 만지기 싫다고."와 같은 엄마의 목소리가 들렸습니다. 엄마는 아이를 함부로 대하고 있었습니다. 남편한테 그처럼 대했다면 아마도 큰 싸움이 벌어졌을 겁니다. 이처럼 아이와 대화하다 보면 자기도 모르게 어리다는 이유로 아이를 무시하기 쉽습니다.

『놀이터의 왕』에는 어린 아들과 대화를 잘하는 아버지가 나옵니다. 주인공 케빈은 놀이터에서 놀고 싶은 평범한 아이입니다. 그러나 세미라는 아이가 놀이터는 자기 것이라고 우기며, 케빈이 놀이터에서 놀지 못하게 괴롭힙니다. 결국 놀러 나간 케빈은 풀이 죽어 집에 돌아옵니다. 만일 여러분이 케빈의 부모라면 어떤 말을 해주고 싶으세요? 보통의 부모라면 화부터 낼지도 모릅니다.

그러나 케빈의 아버지는 심각한 표정을 짓지 않습니다. 수프 끓이는 일을 계속하면서 자연스럽게 케빈에게 말합니다. 아버지의 말을 듣고 케빈은 다음 날 용기를 내어 놀이터에 갑니다. 하지만 또 세미가 괴롭히는 바람에 놀지 못하고, 집으로 돌아옵니다. 이번에도 아빠는 그런 케빈에게 말합니다. 이에 용기를 얻는 케빈은 다음날에도 놀이터에 가지만, 세미의 괴롭힘에 또다시 집으로 되돌아옵니다. 집에 온 케빈은 아빠와 대화 도중 스스로 문제의 해답을 찾습니다.

이제 더 이상 케빈은 피하지 않습니다. 그동안 세미에게 아무말도 못하고 집에 돌아오던 케빈이 달라졌습니다. 놀이터에 간 케빈은 모래 놀이통에 발을 들여놓습니다. 세미는 케빈에게 집에 가라고 소리를 지릅니다. 케빈은 아빠한테 배운 대로 자연스럽게 말합니다. 그러자 세미는 약이 오르고, 케빈은 한결 여유로워졌습니다. 둘은 어느새 같이 놀고 있습니다.

과연 케빈의 아버지가 아들에게 건넨 말은 무엇일까요? 나이 많은 아빠가 어린 아들이 수긍할 수 있도록 한 말은 무엇일까요? 반드시 그림책으로 확인해 보십시오. '아이와의 대화는 이렇게 하는 거구나.' 천 냥보다 더 귀한 지혜를 얻을 수 있게 될 것입니다.

부모의 책임감

전미화 글·그림, 『다음 달에는』 (사계절, 2022)

어린아이는 부모의 보호가 절대적으로 필요합니다. 우리나라에 밥을 제대로 먹지 못하는 아이가 얼마나 될까요? e-나라지표에서 아동급식지원 현황을 확인해 봤습니다. 2023년 12월 기준으로 급식 지원을 받는 숫자가 꾸준히 줄어들고 있었습니다. 급식 지원이 줄어든다는 것은 가정의 보살핌이 안정적이라는 뜻이 됩니다.

하지만 아동학대 피해 경험률은 그와 반대였습니다. 아동학대의 상당수는 집에서 일어납니다. 학대로 인해 아이 몸에 상흔이 생기면 양육자는 아이를 학교에 보내지 않습니다. 아동학대에서 벗어나려면 아이가 집에서 탈출해야만 하는 상황입니다. 아이는 최소한의 음식 섭취와 최소한의 교육을 받을 수 있는 권리가 있습니다.

『다음 달에는』에 등장하는 아빠는 갑작스럽게 어려워진 상황에서도 아들을 포기하지 않습니다. 공사장에서 일하고, 봉고차에서 생활하면서도 아들의 양육을 책임집니다. 아빠는 아들에게 지금은 학교에 가지 못하지만, 다음 달에는 학교에 갈 수 있을 것이라고 말합니다. 아빠는 자기 점심을 아들에게 가져

다주고, 일이 없어 쉬는 날이면 아들과 함께 도서관에 갑니다. 이 책에서 유념해야 할 부분이 바로 그러한 아빠의 양육 태도입니다. 아빠는 아들을 학교에 보내려는 의지가 강합니다. 아빠의 강한 책임감은 큰 손에서, 굳은 의지는 각진 턱에서, 인간적이며 밝은 에너지는 아들을 바라보는 그렁그렁한 눈망울에서 느낄 수 있습니다.

이런 아빠를 둔 아들은 어떨까요? 갑자기 봉고차에서 지내야 하는 상황임에도 아들은 아빠를 먼저 걱정합니다. 학교를 보내지 못해 눈물을 흘리는 아빠를 아들이 토닥입니다. 아들은 아빠가 울지만 않는다면 학교에 가는 것은 다다다다음 달이 되어도 괜찮다고 말합니다. 속 깊은 아이입니다.

아빠는 학교에 보내주겠다는 아들과의 약속을 드디어 지킵니다. 다음 달에는 작은 방도 구할 수 있을 거라고 말합니다.

이 책을 다 읽고 앞표지와 뒤표지를 같이 펼쳐보았습니다. 아빠와 아이가 지내는 곳이 봉고차가 아닌 캠핑카였으면 좋겠다는 마음이 들었습니다. 아마도 다다다다다음 달에는 그들이 캠핑카를 갖게 되는 날도 분명히 올 것입니다. 서로 믿고 의지하는 아빠에겐 아들이, 아들에겐 아빠가 있으니까요.

헨젤의 독립, 엄마의 독립

그림 형제 글, 앤서니 브라운 그림, 『헨젤과 그레텔』(비룡소, 2005)

 이야기도 생명이 있습니다. 세상에 태어났다가 쓰임이 다하면 사라집니다. 말과 글로 전해지다 생명이 다하면 어느 순간 소멸합니다. 그런데 오랜 세월이 흘러도 사라지지 않고 지금까지 우리와 함께하는 이야기가 있다면, 거기에는 어떤 특별한 힘이 있는 게 아닐까요? 우리가 모르는 어떤 원형의 무의식을 대변하고 있지는 않을까요?
 아이에게 오랜 생명력을 지닌 옛이야기를 들려주고 싶은데, 사실 옛이야기에는 잔인한 내용이 많아 엄마로서 고민이 됩니다. 저 역시 『헨젤과 그레텔』을 접하고 그랬습니다. 하지만 옛이야기와 관련된 여러 이론서를 읽으면서 '헨젤과 그레텔'에 대해 깊이 이해하게 되었습니다.
 엄마들 대부분은 그레텔이 마녀를 죽이는 장면에서 멈칫합니다. 누군가의 생명을 빼앗으니 옳지 않습니다. 그러나 마녀는 죽어야 합니다. 마녀가 애매하게 사라진 책은 아이를 혼돈에 빠트립니다. 마녀가 살아 있으면 아이들은 마녀가 자기를 괴롭힐 수 있다고 합니다. 아이들은 등장인물 중 가장 약한 존재인 그레텔을 보며 자기도 위험에 처했을 때 이겨낼 수 있다는 힘을 얻을 수 있습니다. 이야기의 마지막 부분에서 그레텔은 혼자 오리를 타고 강을 건넙니다. 같이 건너자는 오빠의 제안도 거절합니다. 이는 오빠에게 의지한 그레텔이 독립함을 의미합니다. 그레텔의 성장을 잘 표현한 그림책이 앤서니 브라운의 『헨젤과 그레텔』입니다.

우리가 알고 있는 옛이야기들은 채록하여 문자로 옮겼습니다. 이 과정에서 친엄마를 새엄마로 바꾸었습니다. 굳이 새엄마로 바꾸지 않아도 친엄마가 자식을 돌보지 않아 죽음에 이르게 한 뉴스는 요즘도 접합니다. 친엄마로 살려 두었다면 현실을 사실적으로 반영하지 않았을까 아쉽기도 합니다. 헨젤과 그레텔의 새엄마도 아이를 버립니다. 막상 버리고 나니 아이가 걱정됩니다. 엄마니까요. 엄마는 아이 앞에 먹을 것을 놓아주고 과자집을 떼어먹는 아이들을 바라봅니다. 엄마는 멈추지 않고 아이를 조종합니다. 꼼짝 못 하게 가둬놓고서 살이 포동포동 오르길 기다립니다. 엄마가 원하는 욕망의 덩어리로 자라도록 기다립니다. 아이들은 순순히 당할 수만은 없습니다. 헨젤은 자기 손가락 대신 작은 뼈다귀를 내밀며 엄마를 속이면서 생명을 이어갑니다.

엄마의 몸에서 태어난 자식은 곧 엄마의 분신입니다. 엄마와 자식의 관계는 쉽게 뗄 수 없습니다. 하지만 자식은 부모를 떠나 독립을 해야 합니다. 부모도 언제까지 자식을 품에 둘 수 없습니다. 아이들의 진정한 성장은 부모로부터의 독립입니다. 부모는 자식의 독립을 지지해야 합니다. 그런 점에서 이 책은 아이들보다 부모들에게 더 필요한 이야기일지도 모릅니다.

옛이야기의 숨은 뜻을 다 알 필요는 없습니다. 지금까지 전해지는 옛이야기는 이미 검증되었고 특별한 힘을 지니고 있습니다. 다소 내용이 잔인하더라도 이야기가 가진 힘을 믿고 뚜벅뚜벅 나아가세요. 『헨젤과 그레텔』을 읽으며 아이에게 어떤 부모인지 비춰보십시오. 자녀는 곧 부모의 거울입니다. 자녀가 성장한 만큼 부모도 함께 성장합니다.

"엄마의 몸에서 태어난 자식은 곧 엄마의 분신입니다.
엄마와 자식의 관계는 쉽게 뗄 수 없습니다. 하지만 자식은 부모를 떠나
독립을 해야 합니다. 부모도 언제까지 자식을 품에 둘 수 없습니다.
아이들의 진정한 성장은 부모로부터의 독립입니다."

엄마를 위한 책

니콜라우스 하이델바흐 글·그림, 『브루노를 위한 책』(풀빛, 2020)

그림책을 읽습니다. 글과 그림을 읽어나갑니다. 글에 익숙해질 즈음 갑자기 글이 사라지고 그림만 남았습니다. 아이에게 어떻게 읽어주어야 할지 당황스럽습니다.

『브루노를 위한 책』의 처음 세 페이지는 글이 많습니다. 그다음부터는 글이 서서히 사라지면서, 두 주인공이 그림 안으로 들어갑니다. 이제부터 그림을 읽어야 합니다. 어떻게 그림을 읽어주면 좋을까요? 아이와 대화하면서 실마리를 풀어갑니다. 즉, "이게 뭐지?" "뭐가 보여?" "여기가 어딘 거 같아?" 등 시간적 배경과 공간적 배경에 관해 물어보고, 등장인물의 대사도 만들어 봅니다. 그러다 보니 브루노가 처한 위태로운 상황이 마치 내 일처럼 느껴집니다.

이 책을 읽을 때마다 매번 이야기가 조금씩 다르게 만들어졌습니다. 제가 만든 이야기가 마음에 들지 않으면 아이는 수정을 요구했습니다. 전에 들려준 내용과 다르면 "엄마, 그거 아니잖아."라며 이야기를 바로 잡거나, 제가 빠트린 부분을 알려주었습니다. 상상할 거리가 많아서인지 하나의 이야기로 완성되는 데 3년이 걸렸습니다. 몇 달 만에 이 책을 꺼내 와도 신기하게도 아이는 내용을 다 기억하고 있었습니다.

  브루노가 괴물을 물리칠 때 칼로 괴물의 배를 가릅니다. 어떤 분은 그 부분이 잔인하다고 말하기도 합니다. 그림책의 독자는 마냥 어리고 미숙하기만 할까요? 페리 노들먼은 『그림책론』(보림, 2011)에서 이렇게 말합니다. 그림책은 보는 사람과 읽어주는 사람 모두에게 즐거움을 주는 것이니, 성공적이고 흥미롭게 이야기를 들려주는 방식을 탐구하라고 합니다. 저는 아이와 함께 이 책을 읽는 시간이 무척 즐거웠습니다. 이 책은 아이가 아닌 저를 위한 책이었습니다.

Ⅱ. 그림책을 읽어요

5. 함께 살아가요

이미지로 이해하기

퀀틴 블레이크 글·그림, 『내 이름은 자가주』(마루벌, 2024)

우리는 다른 사람과 관계 맺으며 살아갑니다. 그런데 이것이 편하지만은 않습니다. 때로는 당황을 넘어 부당한 일을 경험하기도 합니다. 누군가는 다른 사람들과 좋은 관계를 유지하려면 상대방을 변화시키기보다 있는 그대로 받아들이라고 조언합니다.

『내 이름은 자가주』는 '보이는 모습 그대로' 보여줍니다. 태어난 지 얼마 안 된 아이의 웃는 모습은 천사입니다. 하지만 아이가 기어 다니기 시작하면서부터는 사정이 달라집니다. 아이는 뭐든지 입으로 가져가고, 티슈를 온 방에 가득 뽑아두기도 합니다. 이것저것 잡아당기고, 음식을 마구 입에 넣는 모습은 그야말로 한 마리 아기 코끼리 같습니다. 좀 더 크면 이웃과 친척에게 무례한 행동을 합니다. 입김을 내뿜으며 대드는 모습은 영락없이 말 안 듣는 못 된 용입니다. 며칠 동안 종일 방에 틀어박혀 씻지도 않습니다.

어떤 대상을 하나로 정의하기는 쉽지 않습니다. 이는 성인이 되어도 마찬가지입니다. 사람은 시시각각 모습이 변합니다. 때로는 차가운 얼음이, 때로는 나무늘보가 됩니다. 그럴수록 걸음걸이와 목소리, 성격 등을 객관적으로 살펴볼 필요가 있습니다. 관찰과 고민이 오래될수록 상대방에 대한 이해가 깊어집니다.

『내 이름은 자가주』는 저에게 아이들을 코끼리와 용으로 바라볼 수 있게 도와주었습니다. 이 책에서 작가는 아이만이 아니라, 노인에 대해서도 이야기를 합니다. 어린 자가주를 키우고 늙어버린 부모에게 부리를 딱딱거리는 갈색펠리컨이라고 말합니다. 저는 이 그림책 덕분에 시어머니를 이해할 수 있었습니다. 저의 시어머니는 단단한 틀니를 딱딱거리며 하신 말씀을 계속 되풀이합니다. 저는 그런 시어머니를 바라보기가 다소 수월해집니다.

상대방을 이해하지 못해 마음이 복작거릴 때는 상대방을 이미지로 그려보세요. 이해하기 힘든 상대방을 다른 사물에 빗대어 바라보면 마음이 한결 차분해질 것입니다.

오늘에 집중하기

롭 루이스 글·그림, 『헨리에타의 첫 겨울』(비룡소, 1996)

 매일 밤 그림책을 읽어주면서 책의 선택은 아이들에게 맡겼습니다. 그때마다 저는 아이들이 어떤 그림책을 골라올지 설 습니다. 아이들은 같은 그림책을 여러 날 꺼내 오기도 하고, 다른 책을 골라오기도 했습니다. 그 가운데에는 이해되지 않는 책도 있었습니다. 『헨리에타의 첫 겨울』이 그랬습니다. 아이들은 깔깔깔 웃으며 즐거워하는데, 저는 왜 이 책이 재밌는지 알 수가 없었습니다.
 주인공 헨리에타는 엄마가 돌아가시고 첫 겨울을 맞이합니다. 겨울을 나는 데 필요한 열매를 모아보지만, 두 번씩이나 실패합니다. 하지만 헨리에타는 포기하지 않고, 또 열매를 모읍니다. 이를 본 동물 친구들이 도와줍니다. 기분이 좋아진 헨리에타는 친구들과 잔치를 엽니다. 잔치가 끝나자 열매는 하나도 남아 있지 않았습니다. 아직 겨울은 꽤 남았는데 말입니다. 저는 현실적인 '겉사람'으로서 그런 헨리에타가 무척 어리석게 보였습니다.
 어느 날 저는 도서관에서 책을 찾다가 우연히 이재복의 『판타지 동화 세계』(사계절, 2001)을 만났습니다. 이 책에 『헨리에타의 첫 겨울』을 언급한 내용이 있었습니다. 다음은 그 일부입니다. "헨리에타는 두 번의 통과의례 과정을 통하여 오늘만을 사는 속사람의 본질을 알게 되었다. 내일은 오직 내가 온전히 오늘을 살 때 다시 오는 오늘에 불과하다는 생각을 하였다. 이래서 헨리에타는 친구들이 갖고 온 먹이를 다 나눠 먹고야 말았다". 그렇습니다. 헨리에타는 자기를 도와준 친구들이 고마웠습니다. 열매보다 친구가 더욱 소중했습니다. 그래서 잔치를 열었고 자기를 도와준 친구들이 열매를 먹으니 하나도 아깝지 않습니다.

 이 책은 내일은 온전히 오늘을 살 때 다시 오는 것이라는 것을 알게 해줍니다. 사실 온전한 오늘을 보내기란 쉽지 않습니다. 누구에게나 실패는 꼭 있습니다. 실패가 거듭될수록 포기하기는 더 쉽습니다. 헨리에타는 세 번이나 도전합니다. 온전히 집중한 오늘 뒤에는 언제나 따뜻한 봄이 기다리고 있습니다.

마음의 문 열기

안트예 담 글·그림, 『색깔 손님』(한울림어린이, 2015)

온종일 혼자 있을 때가 있습니다. 아이들은 커서 집을 떠나고 약속도 없는 날, 혼자 있다 보면 말이 필요 없습니다. 이런 날이 잦아진 어느 날 '누가 나한테 말 좀 걸어줬으면.'하고 생각할 때가 있습니다. 오늘날 혼자 사는 1인 가족이 늘어나면서, 다른 사람과 말할 기회가 점점 줄어들고 있습니다.

『색깔 손님』의 주인공인 엘리제 할머니는 1인 가족입니다. 겁이 많아 외부와의 접촉을 차단하고, 늘 문을 닫아둔 채 지냅니다. 하루는 그런 할머니의 집 창문으로 종이비행기가 날아듭니다. 종이비행기의 주인은 에밀이라는 남자아이입니다. 그 사건을 계기로 엘리제 할머니와 에밀은 같이 책을 읽고, 숨바꼭질하고, 빵도 먹습니다. 할머니는 다음날에도 또 에밀이 오기를 기대합니다. 닫혀 있던 할머니의 마음이 조금씩 열립니다. 할머니와 에밀이 만나 처음으로 한 일은 책 읽기입니다. 할머니가 소리 내어 책을 읽고, 에밀은 듣습니다. 할머니와 에밀은 책으로 친해집니다.

한번은 이 책을 도서관 자원봉사자분들께 읽어준 적이 있습니다. 그들 가운데 한 할머니의 눈이 유난히 빛났습니다. 그분은 그림책의 이야기가 본인의 이야기라며 무척 반기셨습니다. 새로 이사 온 동네에서 할머니는 일곱 살짜리 아이를 만났고, 어느덧 시간이 흘러 그 아이는 이제 초등학교 5학년이 되었다고 합니다. 요즘도 그 아이가 집으로 놀러 오면 책을 읽어준다고 합니다.

 엘리제 할머니도, 자원봉사자 할머니도, 저도 다른 사람들에게 책을 읽어줍니다. 우리는 왜 책 읽어주기를 좋아하는 걸까요? 마음의 문을 닫고 지낸 엘리제 할머니도, 이사 후 아는 사람이 없었던 자원봉사자 할머니도, 혼자 보낸 시간이 많았던 저도 사람을 만나고 싶었던 건 아닐까요?

 책을 읽어주는 행위는 듣는 사람이 있어야 가능합니다. 책은 상대방과 금세 친해지게 합니다. 책 역시 누군가가 찾아줄 때 의미가 있습니다. 어둡기만 했던 엘리제 할머니 집 거실이 환해진 것처럼, 우리 모두의 마음이 활짝 열렸으면 좋겠습니다.

다가가는 용기

휘리 글·그림, 『잊었던 용기』(창비, 2022)

저는 친하게 지내던 친구와 특별한 이유 없이 멀어진 경우가 있습니다. 중학교 때 같은 반에 단짝이 있었습니다. 하루는 그 친구 집에 버스를 타고 놀러 갔습니다. 친구는 멀리까지 놀러 온 저를 대접하려고 커다란 프라이팬을 꺼내 능숙하게 달걀을 깨트려 요리해 주었습니다. 지금도 손을 펴고 프라이팬 온도를 확인하는 그 친구의 모습이 가끔 떠오릅니다. 그 후, 저는 시내 학교로 전학을 갔습니다.

그 시절 최고의 나들이 장소는 시내였습니다. 저는 시내를 돌아다니다 저만치에서 오는 친구를 봤고, 그 친구도 저를 봤습니다. 우린 아는 척하지 않았습니다. 왜 그랬을까요? 다시 몇 년 후, 대학생 때 아기를 안고 가는 그 친구를 보았습니다. 또 아는 척을 하지 못했습니다. 그처럼 빨리 결혼한 친구의 사연이 궁금했지만, 다가가지 못했습니다. 그 친구가 먼저 말을 걸어주기를 바랐습니다. 한번 피한 눈길은 몇십 년째 이어지고 있습니다.

저는 『잊었던 용기』를 읽고 우리가 아는 체하지 못한 이유를 알았습니다. 이 책은 우리가 피한 것은 어색했기 때문이며, 상대방에게 다가가려면 그만큼의 용기가 필요하다고 말합니다.

  이 책에서 주인공은 친구에게 먼저 편지를 씁니다. 친구의 답장에는 다시 반갑게 인사하자는 내용과 함께 "우리 엄마가 넌 참 용감한 아이라고 했어."라는 내용이 적혀 있습니다. 저는 주인공 친구의 엄마가 마치 내 친구인 것 같았습니다. 아마 제 친구도 저처럼 우리가 어색하게 눈을 피한 경험을 기억하고 있을 것입니다. 그 일로 소중한 친구를 잃은 것을 아쉬워하고 있을 것입니다.

  이 책은 친구 간의 우정에 관해 이야기하고 있습니다. 어색함으로 멈춰버린 저와 친구의 우정도 다시 시작할 수 있다는 희망을 줍니다. 이 그림책을 제 친구에게 선물하고 싶습니다. '미안해. 그때는 용기가 없었어. 사실 지금도 용기가 필요했어.'라고 쓴 편지를 그 안에 넣고 싶습니다.

할머니의 내리사랑

이억배 글·그림, 『솔이의 추석 이야기』(길벗어린이, 1995)

추석 명절이 다가옵니다. 그동안 우리 그림책이 질적 양적으로 많이 성장해서 추석 명절에 관한 책이 더 있을 것 같아 찾아보았습니다. 하지만 마음에 드는 책이 없었습니다. 결국 오래전에 출간된 이억배 작가의 『솔이의 추석 이야기』를 다시 꺼내 들었습니다.

이 책은 삼사십 년 전의 추석 풍경을 보여주고 있습니다. 귀향길의 꽉 막힌 도로, 보름달 아래에서 송편 빚기, 아침 차례와 성묘, 농악대의 공연 등 정겨운 추석 풍경을 잘 담아내고 있습니다. 이 책은 미국에서도 출간되어 우리 추석을 널리 알리기도 했습니다.

저는 이 그림책을 처음 봤을 때 솔직히 조금 불편했습니다. 둘째를 업은 솔이 엄마한테 자꾸 마음이 쓰였는데, 그것이 제가 이 그림책을 찾지 않은 이유이기도 했습니다. 이 책에는 솔이가 친할머니에게만 다녀오고, 외할머니를 만나러 가는 내용은 없습니다. 솔이 엄마가 친정에 가지 않고, 끝나 버린 이야기가 영 못마땅했습니다.

이번에 다시 이 그림책을 보니 새롭게 눈에 들어오는 장면이 있습니다.

내일이면 집으로 돌아가는 날, 온 식구가 잠든 어두운 집에 유일하게 불 켜진 곳이 있습니다. 바로 부엌입니다. 아궁이 앞에는 솔이 할머니가 혼자 앉아 있습니다. 이 장면은 추석 명절을 알리는 데 꼭 필요한 부분이 아님에도 작가는 표현했습니다.

아마도 이억배 작가는 어릴 적 할머니의 사랑을 받으며 자랐을 것 같습니다. 작가는 이 장면을 통해 우리가 누린 추석의 풍요로움은 할머니의 희생 덕분이라고 말하고 싶었던 것이 아닐까 하는 생각이 들었습니다. 사실 우리는 많은 부분 누군가의 봉사와 희생에 힘입어 살아갑니다. 가족의 경우 구성원의 일방적인 봉사와 희생을 당연히 여기기도 합니다.

여러분의 할머니도 추석을 앞두고 솔이 할머니처럼 참기름, 과일, 호박을 싸놓고 자식과 손주들 볼 날을 기다리고 계실 것입니다. 꼭 추석이 아니더라도 할머니의 사랑이 그리울 때 종종 안부를 전했으면 좋겠습니다. 지금이라도 이 그림책 마지막 장면처럼 할머니께 전화 한 통 드리면 어떨까요?

바르게 살기

유설화 글·그림, 『슈퍼 거북』(책읽는곰, 2014)

『슈퍼 거북』을 읽고, 이 책을 아이들에게 꼭 읽어주고 싶었습니다. 저는 초등학생들도 영어, 수학보다 자신에 대해 생각하는 시간이 더 많기를 바랍니다.

이 책은 거북이가 토끼와의 경주에서 승리한 그 뒷이야기입니다. 이 책을 제대로 감상하려면 이솝우화인 '토끼와 거북이'를 알아야 합니다. 저는 나이가 적은 아이들에게 주로 책을 읽어줍니다. 그때마다 아이들이 '토끼와 거북이' 이야기를 모르면 어쩌지 하는 염려가 있었습니다. 그런 저의 우려를 눈치챘는지, 작가는 친절하게도 앞 면지에 6컷으로 '토끼와 거북이' 이야기를 그려 놓았습니다. 독자에 대한 배려가 돋보입니다.

토끼를 이긴 거북이라니, 주인공 꾸물이는 그야말로 슈퍼스타가 됩니다. 갑작스러운 관심과 인기가 부담스럽지만, 꾸물이는 그 상황을 피하지 않습니다. '빠르게 살자'라고 쓴 머리띠를 질끈 동여매고, 날마다 빨라지는 훈련을 한 끝에 꾸물이는 고속열차보다 빨라집니다. 하지만 매일 밤 악몽에 시달릴 만큼 지쳐버립니다. 꾸물이는 남을 의식하고, 그들의 기대에 부응하며 사는 것이 힘들었습니다.

뒤 면지에도 6컷의 그림이 있는데, 그 그림은 꾸물이가 원하는 삶입니다. 초등학생들과 그림을 살펴보고, 꾸물이가 '바르게' 살도록 응원의 말을 전해주는 활동을 했습니다. 아이들은 "꾸물아, 느려도 괜찮아.", "목욕 천천히 해.", "잠 많이 자.", "웃으면서 살아." 등을 말했습니다. 그다음 저는 아이들에게 자신이 원하는 삶이 무엇인지 적어보게 했습니다. 아이들은 "난 형이랑 노는 게 좋아.", "산책하는 게 좋아.", "난 맛있는 거 먹는 게 좋아."라며 적었습니다.

얼마 전, 이장근 시인의 「ㅂ 하나」(『우리 반 또맨』 창비, 2022)라는 동시를 만났습니다. 이 시에서 화자는 '빠르게'라는 말에서 'ㅂ'을 떼어내고, 무슨 일이든 '바르게' 하고 싶다고 말합니다. 이는 제가 평소 꾸물이와 아이들에게 바랐던 내용입니다. 화가든, 가수든, 대통령이든 누구나 바르게 사는 것이 소중한 세상이 되었습니다. 『슈퍼 거북』의 앞 면지와 뒤 면지는 독자를 배려합니다. 이처럼 배려를 실천하는 사람들이 많아진다면 바른 세상은 이뤄집니다.

공평하게 나누기

김효은 글·그림, 『우리가 케이크를 먹는 방법』(문학동네, 2022)

정형외과에 가면 으레 촬영하는 것이 엑스레이입니다. 이 엑스레이에는 나눔의 정신이 들어있습니다. 물리학자 뢴트겐은 1895년 11월 8일 엑스레이를 발견하고 이를 전 세계에 나눕니다. 뢴트겐은 "누구나 자유롭게 이 발견의 혜택을 누릴 수 있어야 한다. 결코 이익을 취하지 않겠다."라고 말합니다. 덕분에 우리는 개복하지 않고 진료를 받을 수 있게 되었습니다.

『우리가 케이크를 먹는 방법』에는 다섯 형제가 나옵니다. 형제가 많은 집에서 자란 분들은 아실 겁니다. 무엇이든 나눠야 합니다. 특히 맛있는 음식의 경우 그것을 나누는 과정에서 종종 다툼이 일어납니다. 김효은 작가는 이 책에서 다섯 형제가 과자, 아이스크림, 치킨을 나누는 방법에 관해 알려줍니다. 다섯 형제는 욕실에서도 나눕니다. 씻는 중에 셋째가 똥을 싸는 바람에 똥 냄새까지 나누어 맡습니다.

삼촌이 선물한 킥보드를 나누어 타던 둘째가 꽈당하고 넘어집니다. 둘째는 생일날 엑스레이 촬영을 하고, 깁스를 한 채 사진을 찍습니다. 그 사진에는 형제들이 준 선물과 함께 '2022. 07. 23.'라는 날짜가 찍혀 있습니다. 형제들의 센스있는 생일 선물은 책을 통해 확인해 보세요. 이 책의 마지막 페이지에는 글 없이 다섯 형제의 사진이 여러 장 놓여있습니다. 뒤 면지에는 다섯 형제가 보낸 그해의 달력이 있습니다.

 다섯 형제가 나눈 케이크를 가만히 들여다보았습니다. 나누는 행위는 혼자서는 할 수 없습니다. 반드시 상대방이 있어야 합니다. 그럼 다섯 형제가 둘 이상이 함께 나눈 것은 무엇일까요? 작가가 말하고 싶은 나눔의 의미가 무엇일까 궁금했는데, 사진과 달력 그림이 힌트를 주었습니다. 나눔의 행위에는 시간이 있습니다. 나와 네가 함께 보낸 시간, 그 순간을 사진으로 찍습니다. 가장 공평하게 나눌 수 있는 것은 바로 시간입니다. 그럼 다섯 형제 사진은 누가 찍었을까요? 헌사 페이지에 주목하시기 바랍니다. 생일 케이크를 먹는 둘째를 엄마, 아빠가 부럽게 바라봅니다. 오늘, 여러분의 시간은 누구와 나누셨나요?

노란 조끼의 고집

표영민 글, 조원희 그림, 『나는 안내견이야』(한울림스페셜, 2022)

 표지가 온통 노란색입니다. 노란 조끼를 입은 안내견이 정면을 바라봅니다. 안내견 얼굴이 표지의 4분의 1을 차지합니다. 굳게 다문 입, 검은 코, 늘어뜨린 귀, 두 눈동자를 보고 있으니 안내견의 고집스러움이 느껴집니다. 안내견이 무언가 하고 싶은 말이 있는가 봅니다. 한 번 더 바라봅니다. 안내견이 굳은 표정을 짓고 있는 이유가 궁금합니다.

 『나는 안내견이야』는 안내견의 말로 이루어져 있습니다. "후유, 시작부터 쉽지 않네요. 언니, 많이 놀랐나요.", "왜 우리를 막는 거죠?" 등은 안내견의 심정을 잘 보여줍니다. 이들이 놀란 이유와 이들이 있는 장소는 그림을 봐야 알 수 있습니다. 글은 안내견의 마음을, 그림은 시각장애인 언니와 주인공인 안내견이 처한 상황을 알려줍니다. 글과 그림이 서로 제 역할을 톡톡히 하고 있습니다. 이 책을 다 읽고 나면 시각장애인과 안내견을 대하는 에티켓이 무엇인지 알게 됩니다.

 안내견이 안내하는 대로 따라가다 보면 자연스럽게 안내견의 눈동자를 보게 됩니다. 그 눈동자에는 부담감, 어색함, 두려움, 걱정, 염려, 억울함 등이 담겨있습니다. 까만 두 점으로 그와 같은 여러 감정을 표현한 것이 놀랍습니다. "나는 안내견이야."라고 말하는 페이지에서는 안내견의 목소리가 들리는 듯합니다. 그러고 보니 앞표지에서 느낀 안내견의 고집은 시각장애인을 지키려는 굳은 의지였습니다.

  이 책에서 사용한 빨강, 파랑, 보라 등은 색조가 밝지 않습니다. 등장인물과 사물은 어두운 색조를 사용해 표현하고, 까맣고 굵은 테두리를 둘렀습니다. 안내견의 목줄과 조끼에만 테두리가 없습니다. 각 페이지에 등장하는 노란 조끼가 눈에 잘 들어옵니다. 안내견이 자유롭게 다닐 수 있기를 바라는, 안내견을 돋보이게 표현하고 싶은 그림 작가의 마음이 느껴집니다.

  시각장애인인 언니와 안내견이 집으로 돌아가는 하늘은 노란색입니다. 이들의 그림자도 노란색입니다. 다 읽고 덮은 뒤표지도 노란색입니다. 이 그림책을 읽고 나니 저도 노란색이 되었습니다. 제 발이 노란 점자블록 위에 있습니다. 보이지 않던 점자블록이 학교 가는 길에도, 도서관 가는 길에도 노랗게 뻗어 있습니다. 가만히 되뇌어 봅니다. '널 만나면 방해하지 않을게. 좀 더 조심할게.'

다양한 문화, 다양한 밥

김효숙 글, 권사우 그림, 『밥 안 먹는 색시』(길벗어린이, 2006)

『밥 안 먹는 색시』 이야기는 꽤 기괴합니다. 남자는 밥을 많이 먹는 입이 큰 색시가 못마땅합니다. 색시가 죽자 남자는 입이 개미구멍만 한 색시를 얻습니다. 새색시는 한 끼로 밥알 세 개를 먹습니다. 그런데도 곳간 속 쌀가마는 계속 줄기만 합니다. 하루는 남편이 몰래 새색시를 지켜보았습니다. 새색시는 밥을 짓더니 머리에 있는 커다란 입으로 풍덩풍덩 밥을 던져 넣었습니다. 남자는 곳간도, 새색시도 버리고 멀리 도망갑니다.

이 이야기가 하도 궁금해서 옛이야기 공부를 할 때마다 '밥 안 먹는 색시'에 관심을 기울였지만, 아쉽게도 만나지 못했습니다. 제 마음에는 여전히 이 새색시가 떠나지 않고 자리해 있었습니다. 신동흔 교수는 『신화, 치유, 인간』(아카넷, 2022)에서 옛이야기에는 '자기 서사'가 있다고 말합니다. 그렇다면 이 이야기에 담긴 저의 서사는 무엇일까요?

문득 시어머니와 20년 넘게 살아온 지난 시간이 떠올랐습니다. 저의 신접살이는 시댁이었습니다. 남편이 출근하면 저는 시어머니와 밥을 먹었습니다. "너랑 나랑 입맛이 맞나 보다." "어머니, 실은 음식이 짜요." "뭐가 짜?" "이것도 짜고 이것도, 이것도." 제 입에는 시어머니의 음식이 짰습니다. 시어머니는 더는 말씀이 없으셨고, 저는 곧 후회했습니다.

결혼해서 본가를 떠나 다른 집에서 사는 것은 쉽지 않았습니다. 지금까지 살아온 방식을 모두 버려야 했고, 함께 밥을 먹는 것도 편치 않았습니다. 언제부턴가 저는 슬슬 시어머니와 밥 먹는 것을 피하고 있었습니다. "대학까지 나왔으니 돈 벌지 그래."라는 시어머니의 말에 밥값도 못하는 사람 같았습니다. 저는 혼자 밥 먹는 것이 더 편했고, 그런 모습을 시어머니께 들키면 뭔가 잘못한 것 같았습니다. 저는 짧은 시간에 허겁지겁 밥을 먹고 있었습니다. 밥 안 먹는 색시처럼 뻥 뚫린 구멍, 채워지지 않는 허공에 밥을 밀어 넣고 있었습니다.

국제결혼과 관련한 뉴스를 볼 때마다 저는 『밥 안 먹는 색시』가 떠오릅니다. 고향을 떠나 멀리 시집을 온 그 색시들은 타국 음식에 어떻게 적응했을까요? 그림책의 제목 그대로, 먹고 싶어도 먹을 수 없는 '밥 안 먹는 색시'가 바로 그들이 아닐까요? 이들에게 적응할 시간을 주세요. 새로운 문화와 음식에 적응할 시간이 필요합니다. 그들이 살아온 환경과 문화도 이해해 주세요. 그나저나 여러분, 오늘 밥 드셨나요?

Ⅱ. 그림책을 읽어요

6. 역사와 환경을 살펴보아요

백 살 어린이

방정환 글, 김세현 그림, 『만년샤쓰』(길벗어린이, 2019)

  5월은 어린이날이 들어있습니다. 어린이날은 공휴일이라 어른한테도 참 좋습니다. 잘 알다시피 어린이날을 만든 사람은 방정환입니다.
  방정환은 1922년 5월 1일을 어린이날로 정하고, '어린이날 선언문'을 발표합니다. 이 선언문은 어른과 어린이에게 드리는 글로 나뉘어 있습니다. 방정환은 어린이에게 인격적 예우하고, 만 14세 이하 어린이의 노동을 폐지하고, 배우고 놀기에 적합한 환경을 제공해야 한다고 말합니다. UN은 1924년에 국제아동권리선언을, 1954년에 세계 어린이날을 제정합니다. 방정환이 그보다 앞서 아동 권리의 중요성을 확립하고, 어린이날을 만들었다는 사실이 놀랍습니다. 더욱이 이 일을 일제강점기에 해냅니다. 또 방정환은 동화구연을 잘했습니다. 방정환의 동화구연을 들은 사람들은 모두 눈물을 흘렸고, 방정환은 화장실도 못 갈 정도로 인기가 많았다고 합니다.
  『만년샤쓰』는 방정환이 1927년 『어린이』 3월호에 발표한 동명의 동화를 그림책으로 만든 것입니다. 가난한 주인공 창남이가 현실에 굴복하지 않고 씩씩하게 살아가는 이야기입니다. 김세현 작가가 창남이를 잘 표현한 탓에 바로 눈앞의 일처럼 생생하게 느껴집니다. 한편으론 이야기를 다소 과장되게 꾸몄다는 생각을 지울 수 없습니다. 저라면 아마 창남이처럼 행동하지 못했을 겁니다.

　방정환이 이 동화를 쓴 데에는 분명 이유가 있었을 겁니다. 아니, 반드시 써야만 했을 것입니다. 방정환은 식민지를 살아야 하는 우리 어린이들이 꿋꿋이 살아가길 바랐습니다. 방정환의 염원으로 태어난 창남이가 어느덧 백 살이 넘었습니다. 백 살 어린이 창남이는 예나 지금이나 당당하게 웃습니다. 앞으로도 백 년, 이 백 년을 넘어 오래도록 어린이들에게 웃음을 선물하길 바랍니다.

제주 4·3 이야기

김미희 글, 정인성 천복주 그림, 『동백꽃이 툭,』(토끼섬, 2022)

나무에 핀 목련꽃은 그 우아함을 따라올 꽃이 없어 보입니다. 하지만 땅에 떨어진 후의 모습은 다릅니다. 마치 누군가가 버린 휴지 같습니다. 그래서 목련을 좋아하지 않는다는 사람도 있습니다. 그와 달리 동백은 꽃이 송이째 툭 떨어집니다. 땅에 떨어진 모습도 아름답습니다. 동백은 어째서 한 잎 한 잎 떨어지는 것이 아니라 송이째 툭 떨어지는 것일까요?

일제강점기가 끝나고 해방되었지만, 일장기가 내려진 그 자리에는 태극기가 아닌 성조기가 걸립니다. 미군정이 시작된 것입니다. 1947년 전국적으로 열린 3·1절 기념식 행사에 제주도 도민도 참여합니다. 행사가 끝난 오후, 기마 경관이 탄 말에 어린아이가 치이는 사고가 발생합니다. 기마 경관이 그대로 지나가자 주변에 있던 제주도민들이 항의합니다. 경찰은 도민을 향해 총탄을 발포하고 농부, 초등학생, 갓난아기를 안은 여인 등 모두 6명이 사망합니다.

미군정과 경찰은 이 사건의 주동자를 잡아들이기 시작합니다. 그들의 눈에 주동자는 누구일까요? 자식을 마중하러 간 택이 아버지, 잡초 뽑으러 간 식이 형님, 꼴 베러 간 찬이 할아버지, 보리 베러 간 철이 어머니, 조를 수확하던 숙이 할머니가 억울하게 죽임을 당합니다. 『동백꽃이 툭,』의 주인공 섭이는 누나가 보고 싶습니다. 누나가 하던 대로 섭이는 동백꽃을 주워 장독대에 얹고 돌확에 띄웁니다. 섭이가 누나를 찾아가는 모든 길이 죽임입니다. 빨간 동백은 그 자리에 툭 툭 떨어집니다. 시들지 않고 떨어집니다. 동백꽃은 떨어져서도 말합니다. 죽지 않고 피어있다고.

 저는 제주 4·3을 전혀 모른 채 어른이 되었습니다. 그런 역사적 사건을 숨긴 나라가 실망스러웠습니다. 제주도민에게 공식적으로 처음 사과한 정부는 노무현 대통령입니다. 제주도에 여행 가서 본 시내버스 광고판 문구에는 "4·3 행방불명 희생자 신원확인을 위한 유가족 채혈을 실시합니다"라고 적혀 있었습니다. 지금도 4·3은 계속되고 있습니다. 우리가 꼭 기억해야 할 역사입니다. 그때나 지금이나 똑같이 제주도에는 동백꽃이 핍니다. 돌담 골목마다 꽃송이가 툭, 떨어집니다.

베트남 전쟁, 그 후

권윤덕 글·그림, 『용맹호』(사계절, 2021)

어릴 때 메뚜기를 잡고 다리를 떼어낸 적 있으시죠? 장난과 호기심이 뒤섞인 그러한 폭력성은 누구에게나 있습니다. 다만 장소나 상황에 따라 그것을 조절할 줄 알고 사랑과 나눔, 선과 정의를 실천하기에 인간입니다.

『용맹호』의 주인공 용맹호 씨는 텔레비전 채널을 돌리다 베트남 전쟁을 다룬 프로그램을 봅니다. 깜짝 놀란 용맹호 씨는 텔레비전 코드를 뽑아버립니다. 권윤덕 작가는 이 책에서 용맹호 씨를 통해 베트남 전쟁 당시 한국군이 저지른 만행을 고발하고 있습니다.

전쟁이 끝난 지 40년이 흘렀지만 용맹호 씨는 괴롭습니다. 매일 밤 왕지네와 거머리의 잔상으로 잠을 푹 잔 날이 없습니다. 하루는 출근을 준비하면서 거울을 보니 귀가 세 개나 되었습니다. 새로 돋아난 귀에서는 엄마와 아이를 학살한 총소리가 들립니다. 군화 사이에 떨어진 여자 신발, 잘려 나간 여자의 검은 옷이 떠올라 괴롭습니다.

다음 날 아침에는 용맹호 씨의 가슴이 세 개가 됩니다. 용맹호 씨 눈에는 베트남전에서 마주한 사람들의 눈빛이 생생합니다. 이번엔 눈이 세 개가 됩니다. 용맹호 씨는 수류탄으로 동네를 불바다로 만들고, 상사의 지시로 민간인을 죽여야 했던 일들이 또렷이 떠오릅니다. 세 개가 된 귀, 가슴, 눈, 발 등으로 중심을 잡기 힘듭니다. 숨을 쉬기도 어렵습니다. 용맹호 씨는 길에서 쓰러지고 맙니다.

인간의 잔인한 폭력성은 우리 몸 어디에 들러붙어 있는 걸까요? 메뚜기 다리를 떼어내던 어린 시절부터 존재하던 걸까요? 살아남은 가해자는 어찌해야 할까요? 가해자와 피해자의 구분이 명확할까요? 어쩌면 우리는 모두 가해자인지도 모릅니다. 우리는 본인의 이익을 위해 기억까지 왜곡하는 능력이 있습니다. 작가는 이 책의 마지막에서 베트남 전쟁의 가해자인 동시에 피해자인 용맹호 씨를 살릴 방법은 관심과 보살핌이라고 말합니다.

권윤덕 작가는 『꽃할머니』에서는 우리가 당한 폭력을, 『용맹호』에서는 우리가 행한 폭력을 다룹니다. 어째서 이토록 끔찍한 전쟁이 되풀이될까요? 지금도 전쟁이 벌어지고 있습니다. 우크라이나와 러시아 간의 전쟁에서도 또 다른 용맹호 씨가 생겨나고 있습니다. 참 안타까운 일입니다.

사과가 겪은 한국 전쟁

후안 이춘 글, 무라야마 토모요시 그림, 『친절한 친구들』(한림출판사, 2002)

그림책 『친절한 친구들』은 겨울에 일어난 이야기입니다. 눈 내리는 겨울, 먹이를 찾아 나선 토끼는 순무 두 개를 발견하고, "당나귀도 먹을 것이 없을 거야."라며 당나귀에게 나누어 줍니다. 그러자 당나귀는 순무를 다시 염소에게 나누어 주고, 염소는 또다시 토끼에게 나눠줍니다. 나눔을 실천하는 동물들로 순무는 처음 발견한 토끼에게 되돌아옵니다. 순무 하나 정도는 더 먹어도 될 텐데 동물들은 친구들과 나눕니다. 추운 겨울에 친구들의 먹을 것을 챙기는 모습이 아름답습니다.

이 책은 실화를 바탕으로 하고 있습니다. 한국 전쟁 때 실제로 있었던 사건을 소재로 창작되었습니다. 전쟁이 벌어지던 당시에 중국 위문단이 자국의 병사들을 찾아와 사과 한 상자를 선물합니다. 선물을 받은 병사들은 이 사과를 중상을 입은 병사들에게 보냈고, 이들은 다시 전선 사령관에게 보냅니다. 그러자 사령관은 사과를 다시 위문단에게 보냅니다. 이와 관련한 자세한 내용은 마쓰이 다다시의 『어린이 그림책의 세계』(이상금 엮음, 한림출판사, 1996)에서 확인할 수 있습니다.

동물은 정량을 먹으면 더는 음식을 먹지 않는다고 하는데, 인간은 배가 불러도 좀처럼 멈출 줄 모릅니다. 이 책에 등장하는 동물들처럼 나누고 산다면 전쟁은 일어나지 않을 것입니다. 작가는 이 책을 통해 어떻게 해야 전쟁을 멈출 수 있는지 우리에게 알려줍니다. 어떤 이유에서든 전쟁은 일어나지 말아야 합니다.

남북 어린이 문학의 통일

권정생 글, 정승각 그림, 『금강산 호랑이』(길벗어린이, 2017)

한국 전쟁이 70년 넘게 이어지고 있습니다. 언젠가 전쟁은 끝날 것이고, 통일에 대한 각자의 의견이 있을 겁니다. 오랜 세월이 흐른 만큼 남과 북의 언어 차이는 어떨지, 북한의 아이들은 어떤 책을 읽을지, 남북 간의 아동문학 교류에 대해서도 한 번쯤은 생각해 보았으면 합니다.

이재복은 『새로운 어린이가 온다』(출판놀이, 2020)에서 남북 어린이 문학을 다루고 있습니다. 그는 2003년에 남북 어린이들이 함께 읽을 책을 발간할 목적으로 북한에 다녀옵니다. 이때 동화작가 권정생 선생님께 부탁하여 다시 쓴 옛이야기 4편을 가져갑니다. 그러나 아쉽게도 이 일은 성사되지 못했습니다. 긴 분단의 세월만큼 각자의 이념이 달랐기 때문입니다. 하지만 우리는 멈추지 않고 남북 어린이 문학에 관심을 가져야 합니다.

그런 점에서 그림책 『금강산 호랑이』가 지닌 의미는 크다고 봅니다. 이 책은 권정생 작가가 다시 쓴 옛이야기로 그림은 정승각 작가가 그렸습니다. 전체적인 그림의 분위기는 무겁습니다. 무거운 바위를 번쩍 들어 올리는 주인공 유복이의 단단한 힘이 느껴집니다. 그에 반해 유복이를 놀리는 동네 아이들은 가볍게 느껴집니다. 노랑, 분홍, 하늘색 등 전체 분위기와 어울리지 않는 색감에 의아해집니다. 동네 아이들은 아버지가 없다는 이유로 유복이를 놀립니다. 유복이와 동네 아이들의 대립 구조를 보니 아마도 정승각 작가가 동네 아이들의 철없음을 그와 같은 색으로 표현한 것이 아닐까 싶습니다.

여러분은 통일에 관해 어떤 생각이신가요? 우리말을 담아내는 문학은 어떻게 통일되어야 할까요? 서로 어울리지 않을 것 같았던 글과 그림이 그런대로 잘 어울리는 것을 보면서, 저는 엇갈린 남과 북의 언어도 하나로 메울 수 있을 것 같다고 생각했습니다. 문학은 갈등과 대립인 사회를 이해와 타협으로 이끌어 갈 수 있습니다. 언제가 될지 모르지만, 우리말과 그림이 잘 살아있는 그림책이 남북 어린이에게 찾아가는 날이 왔으면 좋겠습니다.

시인 백석과의 만남

신순재 글, 오승민 그림, 『시인 아저씨, 국수 드세요』(천개의바람, 2022)

우리나라 사람들이 가장 좋아하는 시인은 윤동주라고 합니다. 그럼 시인 윤동주가 좋아한 시인은 누구일까요? 바로 백석입니다. 천양희 시인의 시를 읽다 보면 곳곳에서 백석을 이야기하고 있습니다. 안도현 시인은 『백석 평전』(다산책방, 2014)을 펴냈고, 김응교 시인은 백석과 윤동주의 작품을 비교하는 책을 썼습니다. 우리나라 시인들도 백석을 많이 존경합니다. 저 역시 백석의 시집을 찾아 여러 번 읽었습니다.

백석 시인에 관한 그림책 『시인 아저씨, 국수 드세요』가 출간되었습니다. 백석의 시에는 음식이 많이 나옵니다. 가장 많이 등장하는 것은 떡이고, 그 다음이 국수입니다. 보통은 한 편의 시로 그림책을 만듭니다. 그러나 글 작가인 신순재는 백석의 시 전부를 다루었습니다. 백석의 시에 등장하는 인물들로 새롭게 이야기를 만들었습니다.

이 책은 주인공인 밤톨 머리 아이를 중심으로 이야기가 전개됩니다. 밤톨 머리 아이는 만나는 사람들에게 "어서 오세요, 국수 드시고 가세요."라고 합니다. 국수를 먹기 위해 많은 사람이 모인 그 자리에 시인 아저씨가 등장합니다.

모두가 그에게 "시인 아저씨, 국수 드세요."라고 말합니다. 그림 작가 오승민은 백석 시인과 나타샤, 가즈랑집 할머니를 그리기가 쉽지 않았을 겁니다. 저는 그들의 모습을 그린 그림을 처음 봤을 때나 여러 번 봤을 때나 조금도 어색함이 느껴지지 않았습니다.

글 작가는 백석 시인에게 음식을 대접하고 싶은 마음으로 글을 썼을 것입니다. 그림 작가도 시인이 고향 정주에서 즐겨 먹던 메밀국수를 대접하고 싶은 마음으로 그림을 그렸을 것입니다. 그것은 천양희 시인, 안도현 시인, 김응교 시인, 저 역시 마찬가지입니다.

『시인 아저씨, 국수 드세요』의 오디오 북은 제 목소리입니다. 모두의 바람을 담아 제가 시인에게 말했습니다. "시인 아저씨, 국수 드세요." 이 그림책 덕분에 백석 시인에게 국수 한 그릇 대접할 수 있었습니다. 국수를 맛본 백석 시인도 시로 화답해 주었습니다. 뒤 면지에는 시인의 시가 적혀 있습니다. 다 함께 '겨울밤 쩡하니 닉은 동티미 국'을 시원하게 들이켜보면 어떨까요?

두 화가의 유머

앤서니 브라운 글·그림, 『우리는 친구』(웅진주니어, 2008)

작가들은 곧잘 이야기에 복선을 깔아 둡니다. 책을 읽다 보면 이 복선을 알아채는 재미가 쏠쏠합니다.

『우리는 친구』에도 복선으로 보이는 명화가 나옵니다. 피터르 브뤼헐의 '이카로스의 추락하는 풍경'이 그것입니다. 작가인 앤서니 브라운이 그 많은 명화 중에 아무것이나 선택했을 리는 없고, 이 그림을 통해 말하고자 하는 것이 분명 있을 텐데 좀처럼 알 수가 없었습니다. 저는 그 의문을 풀기 위해 중세시대의 그림을 다룬 책들을 뒤적이기 시작했습니다.

익히 아는 것처럼 '이카로스의 추락하는 풍경'은 그리스 신화를 화폭에 담은 것입니다. 미노스 왕의 분노를 사 미궁에 갇힌 이카로스가 아버지와 밀랍과 깃털로 만든 날개를 달고 탈출을 시도하다가 밀랍이 녹는 바람에 바다에 추락하는 이야기를 그린 것입니다. 만일 여러분이 화가라면 이 이야기 중에서 어느 부분을 그리겠어요?

날개를 달고 하늘로 날아오르는 이카로스를 그려도 될 텐데, 피터르 브뤼헐은 장난스럽게도 바다에 거꾸로 박힌 이카로스의 두 다리를 그렸습니다. 그림만 보면 누구 다리인지 알 수 없고, 눈에 잘 띄지도 않습니다. 주변 사람들은 자기 일만 하고 있고, 무관심한 태도를 보이고 있습니다. 이 그림을 보고 있으면 어이없다가도 화가의 엉뚱함에 웃음이 납니다. 아마도 피터르 브뤼헐은 장난기가 다분한 화가일 겁니다. 앤서니 브라운이 이 그림을 그림책에 얹은 것도 다 그런 이유가 아닐까 싶습니다.

이 책에서 주인공인 고릴라와 예쁜이 고양이는 행복한 시간을 보냅니다. 둘은 무엇이든 함께 합니다. 고릴라가 고양이를 등에 태우고 타잔처럼 천장을 나는 장면이 있습니다. 이 평화로운 공간에 '이카로스의 추락하는 풍경'이 걸려있습니다. 이 그림은 고릴라와 고양이의 평화로움이 끝나고, 곧 추락하게 됨을 슬쩍 알려줍니다. 앤서니 브라운은 그것을 피터르 브뤼헐이 그린 이카로스의 두 다리를 통해 넌지시 일러줍니다. 앤서니 브라운 특유의 재치가 돋보이는 장면입니다.

이 그림책은 중세시대 피터르 브뤼헐의 엉뚱한 표현과 현재를 사는 앤서니 브라운의 재치가 담긴 유머가 관통하고 있습니다. 이 책을 감상하면서 두 화가와 함께 배시시 미소를 지어보세요.

꽃이 예쁜 걸 알아요

황인찬 글, 이명애 그림, 『내가 예쁘다고?』(봄볕, 2022)

유치원, 도서관, 보육원, 지역아동센터 등에서 그림책을 읽어주며 여러 아이를 만났습니다. 아이들을 만나면서 '어떤 아이가 바람직한 아이일까? 고민한 적이 있습니다. 똑똑한 아이일까? 아니면 자기표현을 잘하는 아이일까? 그저 자기가 알고 있는 지식만을 내뱉는 아이를 바람직한 아이라고 말하고 싶지 않았습니다. 발표력은 고등학생이나 성인이 되어서 두각을 나타낼 수 있으니, 이 역시 제가 바라는 아이는 아니었습니다.

지역아동센터에서 초등학교 4학년인 한 아이를 만났습니다. 멘토와 멘티라는 이름으로 어른이 아이를 찾아가 놀아주는 활동이었습니다. 정해진 것은 없고, 아이가 원하는 대로, 어른이 원하는 대로 함께 시간을 만들어 갔습니다. 그림책을 읽어주기도 했고, 같이 동네를 걷기도 했습니다.

하루는 이 아이가 지닌 남다른 능력을 보았습니다. "이 나무요, 우리 학교에도 있어요." 그 아이는 다 똑같아 보이는 나무를 구별할 줄 알았고, 어디에 있는지도 기억했습니다. 길가에 있는 풀과 꽃을 하나하나 살피고, 예쁘다고 말할 줄 아는 아이였습니다. 환하게 웃는 아이의 얼굴은 꽃보다 예뻤습니다. 저는 그 아이가 바람직한 아이라고 답을 내렸습니다.

『내가 예쁘다고?』는 황인찬 시인이 글을 쓰고 이명애 화가가 그림을 그렸습니다. 여러분은 예쁘다는 말을 들으면 기분이 어떠세요? 짝꿍이 예쁘다고 한 말에 주인공 남자아이는 부끄러워집니다. 짝꿍이 예쁘다고 말한 진짜 의미를 알고는 더욱 창피해합니다. 곧 수업이 시작인데, 남자아이는 복도를 달려 밖으로 나갑니다. 한참을 달리고 나서 고개를 들어보니 눈앞에 꽃이 있습니다. 꽃을 보니 기분이 좋아집니다. 남자아이는 예쁜 것을 보면 기분이 좋다는 걸 그때 처음 압니다. 창피함은 곧 사라졌습니다. 꽃을 보고 아이의 마음이 변합니다.

제가 바라는 바람직한 아이는 자연의 아름다움을 느낄 줄 아는 아이입니다. 길가의 풀을 살필 줄 아는 아이, 꽃을 보고 예쁘다고 말하는 아이는 자연을 함부로 훼손하지 않습니다. 자연을 느낄 줄 알고, 자연과 함께 살아갑니다. 자연을 살리는 방법은 꽃과 나무가 예쁘다고 느끼는 것이 그 시작입니다. 지역아동센터에서 만났던 그 아이를 다시 만나고 싶습니다. 그리고 "10년 전이나 지금이나 넌 너무나 예뻐."라고 말해주고 싶습니다.

나무를 안아요

이정록 글, 박은정 그림, 『나무의 마음』(단비어린이, 2023)

"엄마 손은 약손, 진영이 배는 똥배." 어릴 적 아픈 배를 문질러주던 엄마나 할머니의 손이 있었습니다. 그분들의 체온이 닿아서일까요? 목소리가 주는 안정감 때문일까요? 신기하게도 효과가 있었습니다. 마음에 닿는 효과가 분명 있었습니다.

아픈 나무가 있습니다. 나무도 쓰다듬어 주고 노래를 불러주면 나을까요? 『나무의 마음』에서는 나무도 마음이 있다고 말합니다. 사람에게 호되게 맞은 나무는 사람이 기침만 해도 아파한다고 합니다. 또 나무도 말할 수 있고, 울기도 한다고 말합니다. 그림 작가도 아픈 나무를 판화로 찍어냈습니다. 판화로 작업한 나무줄기와 잎에는 나무의 마음이 고스란히 담겼습니다.

이 책은 어쩔 수 없이 나무를 베거나, 버려야 한다면 옮겨심어야 한다고 말합니다. 그러나 인간이 함부로 베어낸 나무는 너무 많습니다. 숲이 훼손되면 동물은 물론 그 동물에 기생하던 박테리아와 바이러스들이 살 곳이 없습니다. 그렇다 보니 살 곳을 찾아 인간이나 인간이 기르는 가축으로 옮겨올 수밖에 없습니다. 지구에 감염병이 도는 이유입니다.

지구가 아픕니다. 아픈 지구는 누가 돌봐줄까요? 나무가 지구의 병을 낫게 할 수 있습니다. 나무가 살만한 땅을 선물해 주어야 합니다. 우리에겐 나무를 심을 수 있는 두 손이 있습니다. 이 책의 마지막 장면처럼 우리 아이들이 사시사철 나무가 있는 이 지구에서 즐겁게 뛰어놀기를 바랍니다. "우리 손은 약손, 나무 배는 똥배." 두 팔로 동그랗게 나무를 안아봅니다.

80억 명을 1명으로

롭 시어스 글, 톰 시어스 그림, 『지구에서 가장 큰 발자국』(비룡소, 2022)

엘리베이터에 사람이 가득 탔습니다. 다음 층에서 또 탑니다. 엘리베이터가 견딜 수 있는 무게가 얼마인지 버튼 주변을 살핍니다. 저울 위에 사람이 서 있는 그림을 봅니다. 현재 타고 있는 사람의 수를 세어보고, 대강의 무게를 정해 그 수에 곱합니다. 그 순간 "삑!" 하고 무게가 초과했음을 알리는 경고음이 울립니다.

지구도 여기저기서 경고음을 내고 있습니다. UN은 2022년 11월 15일에 세계 인구가 80억에 달했다고 발표했습니다. 11년 만에 70억에서 80억으로 늘어났습니다. 80억이라는 숫자가 어느 만큼인지 쉽게 느껴지지 않습니다.

『지구에서 가장 큰 발자국』의 두 작가는 80억 명의 사람을 뭉쳐서 1명으로 만듭니다. 지구에 사는 모든 사람을 기계에 넣어 뭉치면 키는 3킬로미터, 몸무게는 3억 9천만 톤인 대왕 사람이 됩니다. 이 대왕 사람이 1년 동안 먹는 음식도 한데 뭉쳐보고, 1년 동안 캐낸 모래와 자갈들, 그리고 베어낸 나무까지도 계산합니다. 지구가 병들지 않고는 도저히 배길 수가 없습니다. 문득, 동시 한 편이 떠오릅니다.

지구가 많이 아프다

안학수

베어지고 불에 타고
숲들이 사라지는 건 폐암이다.

막히고 돋아지고
갯벌이 마른 땅 된 건 간암이다.

갇히거나 말라 가고
강이 흐르지 못하면 위암이다.

빙하와 만년설이
녹아 무너지는 건 뇌종양이다.

하늘도 땅도 점점 뜨거워져 간다.

개발과 매연, 쓰레기에 시달리다
지구의 병이 깊어져 가는 거다.

욕심 많은 사람이 그 병균이라 한다.

지구에겐 병원도 의료 보험도 없다.

— 장정희. 맹문재 엮음, 『오늘의 좋은 동시』(푸른사상, 2022)

  이 책은 인간이 훼손시킨 지구의 30퍼센트만 되살려도 지구는 건강해지고 인류가 지구에서 살 수 있다고 말합니다. 유발 하라리의 『사피엔스』(김영사, 2015)에도 70억 인간을 하나로 뭉치는 내용이 나옵니다. 모두 한마음으로 지구를 30퍼센트만이라도 살리는 의사가 되어봅시다.

달님샘의 그림책 이야기

2024년 11월 27일 초판 1쇄 발행

지은이 | 전진영

펴낸이 | 김수왕
편집디자인 | 방정원
펴낸곳 | 도서출판 초록달팽이
출판등록 | 제572-2021-000022호
주소 | 28655 충북 청주시 서원구 무심서로 471, 201호
이메일 | dalpaeng-i@naver.com

ⓒ 전진영 2024
ISBN 979-11-93400-20-3(03800)

* 이 책 내용의 일부 또는 전부를 재사용하려면 반드시 저작권자와
  도서출판 초록달팽이 양측의 동의를 받아야 합니다.
* 본 도서는 충청남도, 충남문화관광재단의 후원으로 발간되었습니다.